DANS LA MÊME COLLECTION

LA PHILOSOPHIE
DE JEREMY BENTHAM

REPÈRES

REPÈRES PHILOSOPHIQUES
Directrice : Éléonore LE JALLÉ

LA PHILOSOPHIE
DE JEREMY BENTHAM

REPÈRES

par
Jean-Pierre CLÉRO

PARIS
LIBRAIRIE PHILOSOPHIQUE J. VRIN
6 place de la Sorbonne, V^e
2022

En application du Code de la Propriété Intellectuelle et notamment de ses articles L. 122-4, L. 122-5 et L. 335-2, toute représentation ou reproduction intégrale ou partielle faite sans le consentement de l'auteur ou de ses ayants droit ou ayants cause est illicite. Une telle représentation ou reproduction constituerait un délit de contrefaçon, puni de deux ans d'emprisonnement et de 150 000 euros d'amende.

Ne sont autorisées que les copies ou reproductions strictement réservées à l'usage privé du copiste et non destinées à une utilisation collective, ainsi que les analyses et courtes citations, sous réserve que soient indiqués clairement le nom de l'auteur et la source.

© *Librairie Philosophique J. VRIN*, 2022
Imprimé en France
ISSN 2105-0279
ISBN 978-2-7116-3041-7
www.vrin.fr

ABRÉVIATIONS

B   *The Works of Jeremy Bentham, published under the Superintendence of his Executor, John Bowring*, 11 volumes. Tout volume cité l'est en ajoutant à B un chiffre romain correspondant à son numéro dans l'œuvre, suivi du numéro de la page

Br. ; Laf. Il s'agit du repérage des *Pensées* de Pascal selon les classements classiques de Brunschvicg et de Lafuma.

C   *Chrestomathia*

CDH   *Contre les droits de l'homme.* Sous ce titre très abrégé se trouve la traduction de *L'absurdité sur des échasses ou La boîte de Pandore ouverte*

D   *Deontology Together with A Table of The Springs of Action and the Article on Utilitarianism*

DR   *Délits religieux*

Dvf   *Déontologie ou la science de la morale.* Ce texte est la version française de la *Deontology* désignée par D. Il ne s'agit toutefois pas d'une traduction

EDI   *Écrits sur le droit international et la guerre*

I   *The Influence of Natural Religion on the Temporal Happiness of Mankind*

IPML   *Introduction aux principes de la morale et de la législation*

O   *De l'ontologie et autres textes sur les fictions*

Og   *Bentham's Theory of Fictions*, Ogden

R   *Rationale of Judicial Evidence, Specially Applied to English Practice*

RRR   *Rights, Representation and Reform : Nonsense upon Stilts and other writings on the French Revolution*

T   *Table des ressorts de l'action.* Nous désignons ainsi la partie récemment traduite de la *Deontology*; cette partie porte en anglais le titre de : *A Table of the springs of action.*

TSA   *A Table of the springs of action.* Il s'agit d'une partie du livre désigné par D.

LA VIE DE JEREMY BENTHAM

Tout le long de son œuvre, Bentham montre qu'il ne faut pas séparer la théorie de la pratique; Nietzsche l'a redit. Cela ne signifie pas qu'il faille les identifier totalement. Il ne suffit pas de vouloir qu'une pratique existe pour qu'elle se réalise; elle a parfois ses exigences qui ne sont pas celles de la théorie. Plusieurs événements de la vie de Bentham ont été profondément structurants et ont pourtant été, à la fois, par un réel qui n'était pas au rendez-vous, de parfaits échecs; toutefois sauvés par l'intelligence réflexive de l'auteur. La signature contre son gré des fameux Trente-neuf articles du *Book of Common Prayer* qui encadrent la doctrine et la pratique anglicanes depuis 1563 et auxquels les jeunes universitaires étaient tenus de faire allégeance comme s'ils partageaient tous la même foi est un *premier* porte-à-faux. Le *second* tient dans un enthousiasme à l'égard de la Révolution française aux événements desquels il se trouvera mêlé, certes de loin, mais au point de mériter la distinction qui lui fut accordée, en août 1792, par l'Assemblée Législative, de citoyen d'honneur; elle lui répugnera quand il verra comment la Terreur tranche les désaccords politiques. Le *troisième*, qui n'est pas sans relation avec le précédent, consiste dans l'épisode à rebondissements du panoptique, qui se soldera par le versement d'une somme d'argent qu'on finira par lui concéder. Le *quatrième* est une sorte de réplique du Panoptique, car l'école chrestomathique qu'il voulait construire près de sa demeure dans le parc qu'il avait acquis en héritant de son père ne sera jamais bâtie, en dépit des plans qu'il laisse à Beavans le soin d'achever alors même qu'il sait déjà que l'école restera sur le papier et ne verra jamais le jour, quoiqu'il ait paru penser son existence dans le détail pédagogique, architectural, administratif, financier.

Bentham est né en 1748 à Londres; il aurait pu être l'aîné de six frères et sœurs si seul son plus jeune frère, Samuel (1757-1831) n'avait survécu. Comme il vivra 84 ans, nous voyons aussitôt qu'il sera témoin, parfois partie prenante, d'événements majeurs qui ont changé le cours du monde : la révolution américaine, la révolution française et ce que nous appelons la révolution industrielle qui dépeuple les campagnes, augmente l'afflux de population vers les villes en accroissant la misère des plus fragiles sur un marché que les États ne contrôlent plus et sur lequel les entrepreneurs doivent vendre et acheter leurs marchandises, leurs machines, leur main d'œuvre. Il mourra le lendemain du vote d'une loi électorale qui met fin à un certain nombre d'abus et qui oriente le gouvernement anglais vers plus de démocratie. C'est ce monde-là qu'il s'agira de penser; et il manifeste, dès son plus jeune âge, d'étonnantes dispositions intellectuelles qui ressemblent à celles d'un Leibniz ou d'un Stuart Mill. Il sait lire couramment à trois ans; il apprend très tôt le latin, le grec et le français; il bénéficie d'une éducation artistique, musicale, en particulier. L'éducation religieuse et politique qu'il reçoit de son père, qui est juriste et spéculateur foncier, et qui rêve que son fils suive le même chemin, et de sa mère qui mourra très tôt, en 1759, est celle du conservatisme. L'enfant a vécu très probablement seul, sans l'entourage d'autres enfants ; les choses ne s'arrangeront pas quand il entrera à l'Université d'Oxford en 1760 à l'âge exceptionnellement précoce de douze ans pour y recevoir trois ans plus tard le titre de Bachelor of Arts. C'est au moment de recevoir ce titre qu'il est sommé de souscrire aux 39 articles de foi dans l'Église anglicane ; le jeune Bentham a eu le temps de se détacher de l'idéologie familiale, mais l'intérêt du diplôme et le respect pour le père qui a payé les études font qu'il signera le document auquel la souscription lui paraît être une trahison : celle de déclarer, en y étant obligé, une foi que l'on n'a pas. Mensonge à soi ; mensonge d'une Église qui se satisfait des apparences ; mensonge d'un État complice ; mensonge auquel se trouve contraint un jeune homme lors de son premier acte d'entrée *par lui-même* dans la société civile et d'une certaine façon aussi dans la vie religieuse. Bentham n'oubliera jamais cet événement fondateur, dont il parle à plusieurs reprises dans ses œuvres et dans sa correspondance, et il écrira trente ans plus tard, comme si cette humiliation le brûlait encore, *Swear not at all*. La trahison sera au cœur de sa réflexion sur le religieux comme raison du rejet de l'anglicanisme et de l'ascétisme paulinien avec lequel il s'agit de briser pour retrouver une foi plus authentique dans le Christ.

Diplômé six ans trop tôt pour être avocat, il va écouter à Westminster Hall les cours de droit de W. Blackstone, l'un des meilleurs spécialistes et défenseurs du système de *Common Law* dont les lois, loin de se constituer en un système cohérent et intelligible, sont de droit coutumier et transforment l'issue des procès en « glorieuse incertitude » ; autrement dit, en pur hasard lié à la velléité des juges qui utilisent dans chaque cas singulier une proximité avec d'autres cas singuliers déjà jugés. Cours après cours, il cultive son désaccord avec le maître anglais; ce conflit prendra la forme d'un Commentaire sur les commentaires – les *Commentaries of the Laws of England* de Blackstone –. C'est probablement là que s'élabore ce qui deviendra un élan vers les idéaux de la Révolution française. D'autant que le jeune Bentham a le temps de lire les auteurs des Lumières, tant françaises, qu'anglaises et écossaises, italiennes, qui lui serviront toute sa vie : D'Holbach, Helvétius, Rousseau, Voltaire (dont il publiera très tôt la traduction du *Taureau blanc*, conte philosophique irréligieux qu'il accompagnera, dans sa première édition seulement, d'une très longue Préface que nous tenons pour un texte à clés, dont il reste encore à déchiffrer les énigmes), Hartley, Hume, Beccaria. Quand bien même elles auraient été devancées par Horace, Phèdre, Virgile dans l'Antiquité, et par Locke, à l'époque moderne, ce sont les œuvres de ces trois auteurs du XVIIIe siècle qui constituent les événements fondateurs de l'histoire du principe d'utilité, dont il relate les « aventures » dans deux articles, l'un bref, l'autre long. Les *Essais* de Hume de 1742 y figurent comme *troisième épisode*. Hartley, par sa « traduction de la langue du bonheur dans celle du plaisir et de la douleur », constituera la *quatrième époque* du développement du principe d'utilité. Helvétius constitue un *cinquième moment* avec son livre *De l'Esprit* (1748). Une *sixième époque* est marquée par l'année 1768, date de parution de l'*Essai sur le gouvernement* de Priestley, dont Bentham prétend retenir, par un des faux souvenirs dont il est coutumier, l'expression qu'il n'a pas forgée lui-même, de « the greatest happiness of the greatest number ». L'expression se trouve plus certainement dans la traduction anglaise, sous le titre *An Essay on Crimes and Punishments* (Londres, 1767), du livre de Beccaria, *Des délits et des peines*. Il puisera dans ces œuvres la rationalité qui lui semble nécessaire dans tous les domaines de l'existence, des sciences, des arts, de la morale, de l'éthique, du droit et de la politique. Si l'on met à part sa traduction de Voltaire, il est une œuvre qui, par sa belle écriture, la clarté et la nouveauté de ses vues, le fera connaître : le *Fragment sur le gouvernement*, qui paraît en 1776. À bien le lire, certes on voit comment les éléments de rationalité que voudront apporter les révolutionnaires français enthousiasmeront le jeune Bentham, mais on voit aussi d'entrée de jeu ce qui le sépare d'eux : il ne s'agit nullement de représenter les lois et leur système par un contrat ; et s'il ne partage pas le conservatisme de Hume, il refuse tout comme lui de représenter la souveraineté sous la forme d'un contrat.

La puissance de l'auteur est aussitôt remarquée par des personnes qui vont durablement compter pour notre philosophe lequel, jusqu'alors, ne pouvait tabler que sur l'amitié de son jeune frère qu'il rejoindra en Russie, pour un long séjour (1785-1787), lorsque celui-ci y trouvera une position stable auprès du Prince Potemkine, confident de l'Impératrice Catherine, et sur celle de J. Lind avec qui il aura toutefois des discussions et prendra même des responsabilités politiques importantes. Shelburne, politicien Whig, va lui permettre d'approcher de très près le milieu politique anglais et de regarder tout particulièrement le fonctionnement du Parlement. Romilly deviendra aussi un ami. C'est à cette époque qu'il rencontre É. Dumont qui, même s'il arrive à Bentham de pester contre ses incompréhensions, jouera un rôle essentiel non seulement dans la traduction de ses textes anglais en français, mais aussi dans l'écriture de l'œuvre et dans sa transmission auprès de publics européens et américains.

Dans ces années qui précèdent la Révolution française, Bentham continue de travailler dans le même sens que le *Fragment sur le gouvernement*; toujours en privilégiant le droit – avec une préférence pour le droit pénal – et la politique, l'*Introduction aux principes de la morale et de la législation*, ouvrage qui sera publié en 1789, n'en présente pas moins dès les premiers chapitres une réflexion sur le principe d'utilité qui avait déjà été utilisé dans le premier ouvrage et sur les multiples attitudes qui, regroupées sous le nom d'*ascétisme*, tentent d'en prendre le contre-pied. La réflexion sur le plaisir et le déplaisir s'approfondit et l'on comprend de mieux en mieux le but de Bentham qui est de constituer les équilibres de plaisir et de douleur au principe de chaque loi, de chaque acte politique, de chaque acte administratif, de chaque châtiment. Que Bentham ait un goût prononcé pour le droit pénal, c'est certain ; mais cet intérêt s'explique tout particulièrement parce que c'est un des lieux où l'on peut le mieux voir la balance des plaisirs et des douleurs, dans toute sa délicatesse. Le droit pénal est un topos où se développe l'ontologie des peines et des plaisirs. Non pas – prenons-y garde – sous la forme d'une psychologie, car le jeu des plaisirs et des douleurs n'a pas lieu dans les limites d'un simple individu. S'il ne s'agit pas d'exclure ce qui se passe en ces frontières, l'extension de ce qui est visé est beaucoup plus large et touche au fonctionnement même des sociétés ; mais aussi – et c'est bien là que le philosophe est concerné – aux modalités de rapports des plaisirs et des douleurs avec l'essentiel de l'éthique, de la morale, du religieux. Quant à la réflexion que Bentham engage sous le titre *Défense de l'usure*, qui sonne comme une provocation à l'encontre de la longue condamnation de cette pratique financière par la plupart des courants chrétiens, elle prolonge très concrètement la préconisation d'une gestion des gouvernements qui mêlent le moins possible de morale à leur politique. On peut laisser les citoyens libres d'acheter et de vendre de l'argent au prix convenu par les deux parties, sans que l'État n'ait à intervenir pour rectifier ce prix et gêner les deux partenaires qui peuvent avoir leurs raisons, sans créer de danger pour les autres citoyens. L'intérêt de l'*Introduction aux Principes de la Morale et de la Législation* déborde les frontières du Royaume uni : Bentham est devenu un auteur de notoriété internationale.

Le voyage en Russie auprès de Samuel apportera une nouvelle dimension aux recherches de Bentham ; car c'est Samuel qui a eu l'idée du panoptique, même si Jeremy lui donne toute son ampleur, sans se limiter au sens pénitentiaire de telle sorte que le prisonnier se sente constamment observé, même s'il ne l'est pas ; mais gagnant tous les secteurs où ce type de surveillance peut être utile et où il est possible qu'un espace intime une autorité, comme les usines, les ateliers, les hôpitaux ou les écoles. Rentrés de Russie, en 1787 pour Jeremy, et en 1791 pour Samuel, les deux frères ont hérité de la fortune du père qui décède en 1792 et de sa propriété à Londres. Après être parvenus à convaincre le gouvernement anglais des vertus du principe panoptique et du financement d'un pénitencier national conçu sur son modèle, ils se mirent à acheter les matériaux de construction d'un panoptique que l'État devait prendre la responsabilité de bâtir. Bentham avait dû faire le calcul qu'il pourrait continuer d'écrire son œuvre tout en dirigeant un panoptique qui, selon ses prévisions, ne demanderait guère d'efforts dans sa gestion. Mais l'État n'en fit rien et, même sous la direction de W. Pitt que Bentham connaissait personnellement depuis les années 1780, il n'a ni construit la prison ni versé l'argent. Lorsque Bentham trouvera par ses propres efforts le terrain pour installer la prison, ce sont les fonds qui manqueront, quel que soit le gouvernement en exercice. Quand le rejet du projet de panoptique sera complètement avéré, Bentham finira par recevoir une indemnité importante qui lui permettra, sinon de rentrer dans ses frais, du moins de profiter lui-même et de faire profiter ses amis de retraites à la campagne tout en continuant à travailler. Le passage à l'acte de la construction du panoptique se solde donc par un fiasco. Seule l'idée fera son chemin et ne sera reprise − à l'exception près du pénitencier de Pittsburg, ouvert en 1826 et qui fut d'ailleurs un échec − qu'après la mort des deux frères.

Quand la Révolution française éclate, une chance a paru s'ouvrir pour le Panoptique benthamien. Dumont est alors en France et il travaille pour le compte de Mirabeau. Le Panoptique n'est évidemment pas la seule contribution de Bentham à la Révolution ; il a suivi de près les travaux des assemblées révolutionnaires, comme en témoignent les *Considérations d'un Anglais sur la composition des États généraux*, le *Draught of a new code for the Organization of the Judicial Establishment in France* (1790) et les œuvres réunies par le Bentham Project sous le titre général *Rights, Representation and Reform*. Nous avons déjà dit que cet intérêt constructif pour la Révolution française vaudra à Bentham le titre de citoyen d'honneur, mais il se gardera bien de venir en France en des temps aussi troublés – il le dit déjà en 1788 dans sa lettre à Mirabeau – et sa rupture avec les

Révolutionnaires est probablement déjà consommée en 1792, puisque, s'il reconnaît la nécessité de rationaliser le droit, les institutions et la politique, il juge aberrant que l'on puisse envisager cette rationalisation sous la forme d'un contrat et que l'on puisse inscrire en préambule de codes juridiques des propositions aussi abstraites, aussi contradictoires que les *Déclarations* successives *des droits de l'homme et du citoyen*, ajoutât-on aux droits des devoirs comme dans la version postérieure de Sieyès. Il est vrai que Bentham ne nous facilite pas beaucoup le travail quand il donne lui-même des détails sur sa biographie : ne dit-il pas au journaliste W. Cobbett qu'il croit que c'est au cours de l'année 1796 qu'il a lu pour la première fois la Déclaration française des droits et qu'il fut alors frappé par son absurdité ? Mais c'est oublier que *Nonsense upon stilts* a été écrit en 1795 ; et que, si elle avait été lue pour la première fois en 1795, comment expliquerait-on que Bentham prévoyait en 1793 un chapitre intitulé *Des déclarations des droits* dans un ouvrage qu'il projetait contre la réforme parlementaire et même qu'il se référait explicitement au premier article de la déclaration des droits dans un papier préparatoire écrit en 1791 pour la *Nécessité d'une Législature toute-puissante ?* Quand bien même on accepte de reconnaître une place à la métaphysique et à l'ontologie, il est absurde de les mêler aux droits positifs, fût-ce à titre de principes directeurs car leur abstraction même conduit à des contradictions qui paralysent l'action. La philosophie a sa rigueur ; le droit a la sienne ; mais on ne fait pas du bon travail en les mêlant. C'est peu de dire que Bentham a été refroidi par la Terreur et les morts de la Révolution française ; les pamphlets qu'il adresse aux révolutionnaires sont d'une extrême violence. Mais même s'il craint que l'État français ne se donne, en déclarant les droits de l'homme et du citoyen, le droit de faire la guerre à tous les autres États qui n'ont pas de constitution et de droit comparables à ceux de son gouvernement, rejoignant sur ce point le diagnostic de Burke, il n'est nullement partisan de ce dernier dont il détecte bien que le principe de la critique est d'empêcher pour l'Angleterre toute évolution du droit et des institutions vers plus de rationalité.

Si la réflexion « panoptique » ne se laisse pas réduire aux incidents empiriques qui feront qu'aucun panoptique n'existera en Grande Bretagne avant la mort des frères Bentham, on trouve, *mutatis mutandis*, une situation parallèle touchant les questions chrestomathiques qui traitent de ce que l'on doit apprendre d'utile aux jeunes femmes et aux jeunes hommes de leur enfance à leur âge adulte, car là encore, l'affaire tourne au désastre : il a été longuement question de faire un externat chrestomathique dans le parc hérité du père, mais Bentham qui s'est senti évincé, à un point ultime de la chaîne des décisions, a décidé d'interrompre le projet, tout en laissant Beavans finir les plans de l'école chrestomathique alors même qu'il sait déjà que cette école ne sera pas construite. Comme si le tracé des plans était sa réalité suffisante. Ce qui n'est d'ailleurs pas entièrement faux : la réalité d'une école n'est pas dans ses briques mais bien dans ce qu'on y enseigne et même dans les principes de ce qu'on y enseigne. Sur ce point, l'enseignement chrestomathique répond à deux buts : celui d'être utile à la personne même qui ne doit pas s'ennuyer et être exécrable à elle-même dès qu'elle ne travaille plus et surtout quand elle se trouve à la retraite ; celui de tenir compte des nouvelles exigences et des impératifs de la société industrielle, qui requiert une tout autre main-d'œuvre que l'agriculture traditionnelle et l'artisanat d'antan. Il faut désormais que, à quelque niveau que se trouve employée une personne, elle ait reçu l'instruction qui convient pour qu'elle ait compris le fonctionnement de la machine qu'elle a − partiellement ou totalement − sous sa responsabilité ; il faut alors aussi organiser l'éducation de telle sorte que, même quittée accidentellement, selon les aléas de la vie individuelle, chacun acquière une idée plus ou moins précise du tout dans lequel il inscrit son action. En d'autres termes, il faut que chacun comprenne à quel point du marché et à quel rang de la société il se trouve ; cette conscience n'étant plus réservée au seul gentilhomme, comme chez Locke, ou à la personne assez fortunée pour avoir un précepteur pour elle seule, comme dans l'*Émile* de Rousseau. Si, comme certains entrepreneurs le craignaient, on pensait que ce savoir des employés risquait d'en faire des révolutionnaires prêts à détruire le système économique censé les désavantager, il faudrait, tout au contraire, plaider l'avantage de travailler avec des employés conscients des affaires qu'ils ont partiellement entre les mains et dont ils savent qu'ils dépendent dans leur vie même. Il faut que chacun, au niveau où il est, dispose des connaissances indispensables pour qu'il s'y conduise de la façon la plus adéquate. On se doute bien alors que l'apprentissage de certaines langues, anciennes en particulier, ne sera pas privilégié.

On voit ici que si le système panoptique met les employés, comme les prisonniers, les écoliers, les soldats, les administrés, sous surveillance, ceux qui exercent la surveillance et à qui celle-ci paraît très directement servir sont tout autant surveillés que ceux qu'ils surveillent. Cette réciprocité a échappé à Foucault, au moins dans *Surveiller et punir* ; c'est pourtant elle qui rend le système supportable; on la voit, en tout cas, particulièrement à l'œuvre à l'école où il s'agit, comme partout, de réduire les frais de surveillance en obtenant un maximum d'efficacité dans l'acquisition des connaissances. Il est intéressant, de ce point de vue, de considérer ce que Bentham fait d'un système d'éducation en vigueur de son temps, le système de Lancaster-Bell. Il le dépouille de toutes ses valeurs religieuses et retient le jeu pyramidal des apprentissages donnés gratuitement par les plus avancés dans leurs études à ceux qui le sont le moins. Avec la possibilité voire le devoir pour ces derniers de dénoncer toute carence de la part des premiers. L'apprentissage du bonheur, ainsi que le bonheur présent de chaque étudiant, s'effectuent donc par un jeu permanent de contrôles, de récitations, de délations, qui fait que nul n'est certain de la permanence et de la stabilité de son rôle à l'école et qu'on y apprend la mobilité sociale qui est celle de la nouvelle société industrielle que l'Angleterre met en œuvre avec une ou deux décennies d'avance sur les autres États européens. Outre les points noirs difficilement dissociables des avancées les plus lumineuses, il est un point délicat : on aurait pu imaginer un système qui, profitant de la remise à plat de tous les objectifs de l'école, ne fasse pas d'inégalités entre les garçons et les filles ; mais on s'aperçoit que l'externat ne recevra pas autant de filles que de garçons. Bentham reste évasif sur la question de savoir si l'on doit enseigner aux filles la même chose qu'aux garçons et s'il ne faudrait pas un enseignement ménager spécifique aux filles dans des familles où l'on ne conçoit pas encore que les femmes puissent avoir le même travail social que les hommes. En revanche, aux écoles de pauvres, qui font l'éducation par charité — ce qui est mieux que rien — se substitue une école dont le mérite et l'efficacité sont censés être les moteurs.

Comment cette vie de travail, entièrement vouée à une écriture si abondante que l'une des tâches essentielles du Bentham Project consiste encore dans le déchiffrage des innombrables manuscrits qui constituent l'œuvre et qui la remettent périodiquement en question, s'achève-t-elle ? Par la mort le 6 juin 1832 de quelqu'un qui a suffisamment vaincu ses peurs superstitieuses intimées depuis sa jeunesse — comme s'en était plaint Hobbes — pour demander que son corps soit disséqué par un ami médecin et pour faire le vœu que son squelette soit revêtu de ses propres vêtements tandis que son visage serait reproduit de telle sorte qu'il lui soit ressemblant. Par l'étrange présence muette de son « auto-icône », Bentham participe imaginairement aux colloques qui sont faits sur tels ou tels aspects de sa pensée et à certains débats qui ont lieu sur des points éristiques de sa doctrine. On a souvent vu, dans cette auto-icône, la preuve d'un matérialisme anti-religieux de Bentham, puisqu'il paraît, par son existence même, faire obstacle à la résurrection ; voire ! Ce qui nous frappe surtout, c'est le courage, non pas de savoir qu'un corps mort n'éprouve plus ni plaisir ni douleur, mais de vouloir pour sa dépouille un acte *post mortem* qui était réservé à des condamnés à mort.

LA PENSÉE DE JEREMY BENTHAM

Il est toujours difficile de dire ce qui est philosophique chez un auteur et quand celui-ci s'intéresse au droit, à la politique intérieure et étrangère, au commerce ou à l'économie politique, à la morale, à l'éthique et au religieux, on ne saurait tracer un trait entre ce qui est « proprement » philosophique et ce qui relève de la spécialité concernée. C'est vrai de tous les auteurs qui ont ce genre d'intérêt ; mais il semble que la difficulté soit plus grande dans le cas de Bentham, puisque, si on met à part le petit traité, d'ailleurs en miettes, *De l'Ontologie*, on ne trouve guère chez Bentham de livre délibérément philosophique, comme on en trouve chez Descartes, chez Leibniz ou chez Kant.

Si l'on est autorisé à parler de philosophie chez Bentham, c'est parce que son auteur n'avance guère de concept ou de proposition, sans, à un moment ou à un autre, se retourner vers eux et s'interroger sur leur fonctionnement, ou sans chercher à comprendre ce qui, éventuellement, gêne ce fonctionnement et sans, l'ayant expliqué, nous en proposer un meilleur fonctionnement. Bentham le fait à propos de toutes les matières qu'il traite ; en ce sens, on pourrait qualifier sa philosophie de *critique*, de *transcendantale* peut-être, à condition que l'on n'attende pas de cette démarche qu'elle se replie sur un sujet et se déploie à partir d'un sujet, fût-il conçu comme étant habitable par chacun. Ce n'est pas un sujet qui organise les savoirs et les pratiques chez Bentham ; mais c'est un espace ou simplement un ensemble d'espaces dont, toute sa vie, il a cherché les modes de déploiement en des tableaux qui mettent ces savoirs et ces pratiques, ces arts, en perspective – que ces activités soient devenues des disciplines dans le cadre d'un enseignement scolaire ou universitaire, ou des objets sur lesquels le politique, le législateur, le nomologue, le déontologue cherchent à avoir prise.

Dans cette recherche, évidemment, se constituent des notions qui semblent plus universelles que d'autres. Les notions de *bonheur*, d'*utilité*, de *loi*, semblent absolument inévitables dans l'entrecroisement de toutes les autres. C'est évidemment sur elles que nous avons focalisé notre attention, d'autant que c'est dans cet acte synoptique de regroupement autour de catégories que l'on repère ordinairement la philosophie. Mais il est un deuxième trait qui rapproche le travail benthamien d'une entreprise que l'on peut qualifier de *transcendantale* et qui tient en l'intérêt de l'auteur pour les méthodes. Il n'y a pas de savoir sans méthode et tout objet, même s'il paraît se donner immédiatement, est construit plus ou moins souterrainement par des méthodes dont les principes et les motivations se trouvent plutôt du côté des intérêts et des désirs. Berkeley était allé très loin dans cette direction, en contestant radicalement la transcendance prétendument toute donnée des objets ; et il semble bien qu'il exerce une attraction toute particulière sur Bentham qui admire qu'il tienne ainsi tête aux matérialistes.

La caractéristique de Bentham par rapport aux autres philosophes – même s'il leur emprunte beaucoup et en connaissance de cause, contrairement à la légende d'un

Bentham ignorant de l'histoire de la philosophie – est sans nul doute l'intérêt qu'il porte aux fictions : *d'abord* nous semble-t-il dans une intention fondamentalement polémique ; *et puis*, graduellement, en portant la plus grande attention à leur logique, c'est-à-dire en assumant toutes les difficultés philosophiques qui en résultent, et en les considérant comme des modalités épistémiques. Dans ce qui s'est appelé postérieurement et dans le cadre de recherches linguistiques du XXᵉ siècle, la « théorie des fictions », Bentham se tient dans le droit fil des philosophies du langage de Locke, de Berkeley et de J.H. Tooke, l'auteur des *Diversions de Purley* ; si elles ne suffisent pas à livrer toutes les sources de la philosophie benthamienne du langage, elles en expliquent une grande partie. Nous verrons que, à chaque étape de son parcours, Bentham est parvenu à historiciser la théorie des fictions, qui s'enrichissait ainsi de tous les territoires gagnés, sauf – ce qui est tout à fait sidérant chez un philosophe qui a fait si grand cas du plaisir – en esthétique où Bentham n'a à peu près rien à dire.

Du moins n'en a-t-il presque rien dit quand elle concerne les beaux-arts. Car elle est, par ailleurs, – de la façon la plus exorbitante qui soit, quoique Bentham contrôle parfaitement l'effet qu'il produit sur l'intelligence et la sensibilité de ses lecteurs – généralisée au point que l'eudémonique, la science du bonheur, ait la même extension que l'ontologie ou science de l'être même. L'être est bonheur, recherche du bonheur ; tous les actes – qu'ils soient ceux du savoir ou qu'ils transforment, en apparence du moins, davantage les choses –, s'inscrivent dans cette quête, qui n'a rien de plus profond, puisque c'est elle qui, avec le langage et par lui, enveloppe tout ce que nous faisons. Bentham ne se vante pas de ce geste, presque clandestin, alors que, pris au sérieux, il est tout simplement créateur d'une philosophie nouvelle : rien ne se fait que par le bonheur, en rapport avec lui, et c'est ce rapport qui doit être l'intérêt et le souci majeurs du philosophe. Même si Bentham s'est aperçu tardivement qu'il lui fallait changer, pour être conséquent, le principe d'utilité en principe de bonheur, transformant ainsi l'utilitarisme en eudémonisme radical. La chance du caractère tardif de cette découverte, c'est d'avoir empêché Bentham de saccager sa philosophie qui tenait fondamentalement à l'utilité en la transformant en philosophie du bonheur; ce qui ne se décide tout de même pas en un tournemain. En tout cas, cette nouvelle philosophie n'a pas fui les difficultés qu'elle créait et les questions de l'utilité du principe d'utilité, des rapports de la vérité à l'utilité – si l'utilité est la valeur suprême –, du problème de savoir si la vérité peut être une fiction et si c'est par des fictions que l'on peut distinguer ce qui est réel de ce qui est fictif, si le plaisir peut être tenu pour aussi réel que la douleur dans les calculs dont l'utilitarisme fait sa marque originale, sont loyalement posées.

L'UTILITÉ COMME PRINCIPE

Principe d'utilité ou principe de bonheur ?

Une des grandes difficultés de la notion d'*utile*, c'est que personne ne sait ce qu'elle est. Ceux qui la préconisent comme ceux qui la contestent ont, en général, oublié de nous dire ce qu'ils entendaient par là. Et on ne peut pas vraiment le leur reprocher. La seule chose que l'on puisse reprocher à un auteur, c'est d'en avoir hypertrophié la notion avant de la mettre en ordre et de s'assurer de la possibilité de sa généralisation, plutôt que de faire comme si chacun savait ce qu'elle voulait dire, sans qu'il soit besoin de la préciser davantage. Ce qui a conduit l'utilitarisme benthamien à un changement qui aurait pu lui coûter cher si Bentham était parvenu à réaliser le projet, qu'il a conçu tardivement, de remplacer l'utilité par le bonheur. On lit, en effet, dans une note de juillet 1822, ajoutée trente ans plus tard au premier chapitre de l'*Introduction aux principes de la morale et de la législation* (parue en 1789) que l'appellation « *principe d'utilité* » n'est peut-être pas bien choisie : « Le terme d'*utilité* ne renvoie pas aussi clairement aux idées de *plaisir* et de *douleur* que ceux de *bonheur* et de *félicité*. [...] Le manque de connexion assez manifeste entre les idées de bonheur et de plaisir, d'une part, et l'idée d'utilité, de l'autre, je l'ai rencontré de temps en temps à l'œuvre comme un obstacle par trop efficace à l'adhésion que l'on aurait pu autrement donner au principe ». Commençons, avant tout commentaire, par remarquer que cette correction coïncide très exactement avec le *onzième épisode* de l'« aventure » du principe d'utilité au cours duquel Bentham, sans récuser complètement le principe d'utilité, qu'il tient pour traduisible dans les termes du langage du bonheur, qui peut lui-même s'expliquer en termes de plaisir et de douleur, prend conscience que le primat doit être accordé désormais au bonheur. Aussi, ce principe d'utilité doit-il être désormais appelé « principe du plus grand bonheur » [IPML, 25 ; FG, 128]. L'aveu de la nécessité de ce changement est étonnant par son énormité : l'œuvre s'est tout de même construite tout entière sur le *principe d'utilité* tandis que son auteur s'avise tardivement que, si ce *principe d'utilité* s'était appelé *principe de bonheur*, le sort de l'utilitarisme en eût été changé. En réalité, l'*utile* a un statut d'*indéfinissable* et, dans la langue de Bentham, on peut dire que l'*utile* ne prend son sens que dans des *paraphrases*, c'est-à-dire qu'à travers un nombre indéterminé d'usages dans le langage.

*L'*utile *et l'*usage. Utility *et* usefulness

L'utile est *utile pour; utile à*; comme on est *bon pour* ou *bon à*, mais on ne dirait jamais *beau à*; ou *sublime à*; puisque *beau* et *sublime* apparaissent comme des valeurs en soi, qui ont dépassé toute relativité. L'utilité est éminemment une valeur relative. On ne peut pas dire d'un homme qu'*il est utile* sans préciser *à quoi*; on peut, en revanche, dire d'un homme qu'*il est heureux* sans avoir à préciser qu'*il est heureux à faire quelque chose*. En outre, ce qui est inutile sous un point de vue peut devenir utile sous un autre. L'utile est une valeur qui se donne elle-même comme μεταξύ, comme *intermédiaire*; elle ne sert qu'à assurer le passage entre une valeur et une autre. Une valeur est utile quand elle permet d'en réaliser une autre. Le service est son horizon. L'utilité consiste à *servir à* quelque chose; ce qui est souvent, aux yeux des esthéticiens, la preuve d'un manque de liberté, de cette liberté que chacun reconnaît aux beaux-arts, même si on ne sait pas toujours de quelle liberté il s'agit : car la liberté du contemplateur est-elle celle du créateur? L'utilité, c'est l'intermédiarité comme telle, dans toutes ses variations possibles. Cette valeur d'intermédiaire fait qu'elle se voue à un domaine qui est essentiellement hypothétique : *Si tu veux faire ceci, alors fais cela*. Il faut toujours, pour atteindre des fins que l'on estime ultimes, en passer par d'autres, qui ne le sont pas. Il en résulte une mise en ordre des actions les unes par rapport aux autres. L'utilité ne vise pas forcément les sommets pour elle-même.

Et voilà bien le point délicat que l'utilitarisme a remis complètement en cause. Risquant une contradiction radicale par inversion du régime des valeurs, il a tenté de poser cette *intermédiarité*, qui semble essentielle à l'utilité, comme une valeur pleine et entière, indépassable, telle que toutes les autres valeurs seraient à son service. La caractéristique de l'utilitarisme est sans doute d'avoir promu l'utilité, qui semblait destinée à rester intermédiaire, au rang d'une valeur qui aurait un sens en soi, alors qu'elle ne paraît jamais une valeur que relativement à d'autres. Certes, la vérité, le bonheur (de qui?), le plaisir (de qui?), etc. n'ont de sens que les uns par rapport aux autres, mais ils ne s'épuisent pas dans le rôle d'être intermédiaires les uns pour les autres. Comment est-il possible de hisser l'intermédiarité radicale de l'utilité au niveau d'une valeur en soi? Comment la médiateté, qui est éminemment relative, peut-elle être promue au niveau de quelque chose d'absolu? La contradiction est évidemment d'élever le relatif à une espèce d'absolu; ou de tenir pour « en soi » ce qui n'a de valeur que pour les autres valeurs. Le « go between » usurpe la fonction des éléments entre lesquels il circule et en devient alors le maître. La cheville veut se faire plus importante que ce qu'elle cheville.

Il est vrai que l'anglais distingue ce qui est *useful* de ce qui est *utile*; l'*usefulness* de l'*utility*. L'*utility* a un sens beaucoup plus large et universel que l'*useful* qui ne convient que ponctuellement dans le cadre d'un objectif limité. L'*useful* remplit modestement les buts que l'on se fixe; il ne cherche qu'à faire bon *usage*, qu'à remplir une fonction délimitée; sans restes. Bentham fait lui-même cette distinction en français dans sa lettre à Mirabeau de 1788 [RRR, 6]. L'*utility* est, quant à elle, susceptible d'une promotion ultime parce qu'elle s'élève au rang d'un Idéal politique, économique, social.

L'utile parvient à cette sorte de suprématie par deux moyens. Le *premier* consiste à mettre *réellement* en relation les diverses valeurs entre elles. Les valeurs se supposent les unes les autres; pour que l'une existe, il faut mettre en œuvre un grand nombre d'autres valeurs. À cette fin, le principe rend service dans trois capacités distinctes : 1. comme but visé; 2. comme réserve des moyens utilisables pour atteindre cette fin; 3. comme réserve qui fournit les motifs par la force desquels, dans la diversité des occasions, les hommes peuvent être conduits à agir par des chemins qui mènent à cette fin. Ce qui équivaut, pour l'utilité, à saturer, sans laisser de vide, toutes les positions stratégiques occupées par les valeurs : la fin, les moyens, les motifs. La force du principe tient à son *second* moyen qui ne reconnaît ni ne pose aucune valeur comme une entité transcendante, mais qui va toutes les chercher dans les ramifications des médiations où elles concernent l'existence jusque dans le détail. Certes le calcul des plaisirs et des peines est présenté comme la meilleure garantie que l'on puisse offrir de l'authenticité du système, mais c'est l'enracinement du calcul dans l'existence, son effectivité qui intéresse Bentham, non sans qu'il encoure le reproche de multiplier toujours les réquisits et de différer, par son intérêt porté aux conditions d'application, le moment propre du calcul; ce qui est une autre façon, opposée à l'idéalisme des valeurs, de rater la réalité. L'essentiel est toutefois que l'utilitarisme benthamien est une éthique du réel : pour qu'une valeur existe, il lui faut compter sur d'autres valeurs.

Ce que n'est pas l'utile

Puisque l'utile n'a pas de définition, on ne peut le décliner que par une suite de négations.

En dépit de la dangereuse ressaisie tardive de Bentham sur la question, l'utile n'est ni le plaisir ni le bonheur, si le bonheur est une somme de plaisirs dont on a défalqué les déplaisirs. On peut faire une chose utile, qui n'est agréable pour personne. On peut même faire œuvre utile en retirant du plaisir aux autres hommes. Tout cela, Bentham le sait, comme le montre bien le *onzième épisode* de l'histoire de l'utile. Ainsi peut-on dire des choses vraies qui ne font pas plaisir. On voit déjà ici ce qu'on verra mieux plus loin : que le pacte de l'utilité avec le vrai est plus serré que le pacte de la beauté avec le vrai. Ce qui ne veut toutefois pas dire qu'il faille opposer l'utile au beau ; comme si l'utilité était complètement indifférente à la laideur. Sans doute est-il utile que les fabrications humaines ne soient pas seulement utiles de part en part ; mais les objets techniques peuvent être parfaitement utiles et simultanément être beaux.

On oppose à tort l'utile à la fantaisie et à l'imagination, supposant qu'il faille plus d'imagination pour être artiste que pour être technicien. Or il faut déployer beaucoup d'imagination pour rendre une chose utile.

Une des caractéristiques que chacun accorde à l'utile, c'est de fonctionner dans le réel et de ne pas rester sur le papier ; ou plutôt, car le réel peut très bien se situer sur le papier comme c'est, par exemple, le cas en mathématiques, c'est de permettre aux notions déterminées que sont les définitions, les hypothèses, les axiomes, de fonctionner ; d'obtenir des résultats. Par ses fameuses « fictions utiles », Leibniz ne veut pas dire du tout, au moins dans un premier temps, qu'elles font plaisir. Elles feront plaisir parce qu'elles fonctionnent, que rien en elles ne s'oppose au projet de résoudre un problème. Mais prenons garde qu'elles ne sont alors que des valeurs de repli et de chevillage : une infinitésimale n'est pas vraie – elle contient trop de contradictions pour l'être –, mais elle est utile. L'utilité permet ainsi de ne pas rejeter ce qui ne peut prétendre directement au statut d'être vrai, bon, juste, beau, mais sans lequel il n'y aurait ni vrai, ni bon, ni juste, ni beau.

Ce n'est pas parce qu'une chose est utile qu'elle est vraie, puisqu'elle peut jouer, dans une argumentation, le rôle de repoussoir, *mais* elle n'est pas fausse non plus car il n'y aurait pas de vrai sans elle ; ce n'est pas parce qu'une chose est utile qu'elle est bonne, *mais* elle n'est pas mauvaise non plus car il n'y aurait pas de bon sans elle ; ce n'est pas parce qu'une chose est utile qu'elle est juste, *mais* elle n'est pas injuste non plus car il n'y aurait pas de juste sans elle.

L'analyse benthamienne de l'utilité est souvent plus fine que celle de Kant et plus ouverte à sa « dialectisation ». Les oppositions analytiques kantiennes – le concept accompagne l'utile, l'universel « sans concept » accompagne le beau ; la finalité visée par l'utile a un terme, la finalité visée par le beau est sans fin ; l'utile a son fondement sur la chose telle qu'elle est, le beau ne se fonde que sur une nécessité subjective – ne correspondent pas à la réalité et ne font, sous couleur de solution, que fantasmer le problème sans le résoudre. Ce qui est frappant dans la notion d'*utilité* telle qu'elle est approchée par Bentham, c'est que ses étranges « négations », insaisissables par une analyse qui se contente d'opposer des termes, permettent de procéder par réajustements ; ces réajustements constituent précisément une des fonctions principales du *metaxu*. Si l'utilitarisme s'est emparé de l'utile pour en faire une valeur princeps, c'est précisément pour qu'on n'aille pas s'égarer du côté du platonisme ou du socratisme du bon, du juste, du vrai, du beau. L'utilitarisme le choisit comme valeur suprême précisément en raison de cet équilibre spécifique de subjectivité et d'objectivité.

L'utilité est-elle subjective ou objective ?

Dans quelle mesure est-elle subjective et dans quelle mesure est-elle objective ?

Bien entendu, le caractère « objectif » de l'utile est plus accentué, et *semble* tenir à des caractéristiques de la chose même ; mais Bentham insiste aussi sur la caractéristique qu'il soit jugé par quelqu'un qui éprouve la convenance entre la chose et le sujet, et qui, ainsi, est susceptible d'en éprouver un plaisir. Pas plus que le goût, l'utile n'est déclenché par un objet, comme une cause déclencherait immanquablement un effet. L'utile est un principe ; il doit donc être jugé et apprécié. Sans doute est-il dit, dans l'*Introduction aux Principes de la Morale et de la Législation*, en un sens qu'il est difficile de ne pas qualifier d'« objectiviste », qu'« on entend par *utilité* la propriété par laquelle un objet tend à produire du bénéfice, des avantages du plaisir, du bien ou du bonheur (tout cela revenant en l'occurrence dangereusement au même) ou, ce qui revient encore au même, à empêcher que du dommage, de la douleur, du mal ou du malheur n'adviennent à la personne dont on considère l'intérêt » [IPML, 26]. Cette personne pouvant être une collectivité, pas forcément un individu. Mais on sait déjà, par le paragraphe précédent, qu'il ne s'agit là – comme chez Kant avec le jugement de goût qui *paraît* venir de l'objet – que d'une apparence, puisque « par principe d'utilité, on entend le principe qui approuve ou désapprouve toute action, quelle qu'elle soit, selon la tendance qu'elle SEMBLE avoir à augmenter ou à diminuer le bonheur de la partie dont l'intérêt est en jeu ou, en d'autres termes, à promouvoir ce bonheur ou à s'y opposer » [idem]. SEMBLE : on est au niveau des impressions, non pas de l'objectivité. On en tient pour preuve un autre texte qui explique que le principe d'utilité peut être considéré comme un sentiment : « On peut considérer le principe dont il s'agit ici comme un acte de l'esprit, un sentiment, un sentiment d'approbation ; un sentiment qui, lorsqu'il s'applique à une action, en approuve l'utilité comme étant la qualité sur laquelle doit se régler la quantité d'approbation ou de désapprobation qu'on lui accorde » [idem].

Ces deux dernières déclarations sont d'une importance considérable pour la question que nous traitons. *D'abord*, se trouve ici croisée et confirmée la belle notion selon laquelle *la passion calcule* mise au point très tôt par l'IPML, peut-être après une lecture de l'essai sur *La norme du goût* (1757) de D. Hume où il a pu en découvrir la notion. C'est *la passion* elle-même qui *calcule* [IPML, 213]. Non pas : le sujet de la passion calcule ; mais c'est cette espèce d'application intégrale qui adhère à toute la surface de l'œuvre, comme à toute autre situation d'ailleurs, qui en épouse tous les aspects sans en omettre aucun. Ainsi la passion n'est pas seulement l'objet du calcul ; elle est le sujet du calcul. Sans doute, la passion met-elle en jeu le sujet, l'objet, la cause efficiente, la cause finale, des qualités. Mais dans le calcul, ce n'est pas le sujet seul qui calcule : c'est le système passionnel même qui, certes, comporte le sujet, entre autres fonctions, qui calcule. On notera que Bentham ne dit pas non plus : *le plaisir calcule* ; ou : *la douleur calcule*. Il faut un complexe de plaisirs et de douleurs pour calculer. Et c'est bien ce qu'on trouve ici, car dans ces formulations du principe d'utilité, on ne distingue guère si le type de plaisir dont il est question est un plaisir de sensation, un plaisir de réflexion, un plaisir de jugement, mais que son augmentation ou sa diminution [2019, 201 ; B, VIII, 242]. Il suffit que ne soit pas oubliée l'instance de jugement. *En second lieu*, on découvre l'équivoque benthamienne – qui se retrouvera ailleurs – sur la question de savoir ce qui est le plus profond du sentir ou du langage. Il y a, sur ce point, une oscillation de l'auteur. Une de ses idées les plus importantes est que les passions sont structurées par le langage ; et même par les langues dans leur diversité et leur contingence. C'est le point de vue des *Springs of Action* et la lecture que Bentham en fait puisqu'il est à la recherche de traducteurs en plusieurs langues des tables des ressorts de l'action [TSA, 88]. La perspective est alors très proche de celle de Maupertuis, qui s'intéresse tout particulièrement aux intraduisibles [Maupertuis 1740]. Mais, dans le même ouvrage des *Springs of Action*, Bentham insiste sur le caractère « senti » du principe d'utilité, comme si ce caractère était ultime et comme si le plaisir s'approuvait lui-même par un plaisir d'être un plaisir et n'avait pas d'autre justification que soi pour se dire bon tandis que la douleur se fuyait elle-même, se détestait elle-même et refusait de se vivre [IPML, 129.10].

Certes, on peut concéder que l'utile est proche de la connaissance; mais il ne faut pas forcément opposer l'objectivité de la connaissance à la subjectivité. Le fin connaisseur des probabilités qu'est Bentham sait que, dans leur calcul, l'objet joue un rôle, mais que loin de le connaître lui-même dans son intégralité, par leur moyen, il s'agit plutôt d'apprécier des caractéristiques d'après ce que nous pouvons saisir de cet objet et que nous savons insuffisant. Dans le calcul des probabilités, l'objet est apprécié comme une entité qui n'a aucune existence en dehors de nos appréciations (car si une chose a une chance sur n de présenter une caractéristique, cette chose ne peut pas présenter cette caractéristique et ne pas la présenter à la fois; ou être et n'être pas à la fois), donc comme une entité qui nous renvoie à la subjectivité, laquelle est toutefois mesurable et calculable dans ses appréciations, comme on le voit dans les probabilités bayesiennes que l'on qualifie parfois de « subjectives », alors qu'elles ne manquent pas plus d'objectivité que les autres connaissances. Rien n'empêche, puisque cette subjectivité dépasse les dimensions de l'individu, que l'on puisse la traiter comme une intersubjectivité; l'objectivité donne lieu à une illusion. Bentham est, de ce point de vue, beaucoup plus radical que Kant : il n'y a pas de lois des choses, pas même en physique ou en biologie [R, I, 126]. Les lois ne font que paraître être les lois des choses : elles ne sont jamais que celles de leur appréhension ou de leur appréciation et elles ne peuvent, sans recourir à la métaphore, être autre chose que les règles de nos actions sur les choses [R, III, 279-280; B, VII, 83, note]. Nous verrons la critique très dure à laquelle Bentham soumet la notion de *nature* qui joue un si grand rôle, tant dans la *Critique de la raison pure* que dans la *Critique de la faculté de juger*.

Conclusion

Un des points qui nous paraît gagné par cette première analyse, c'est que, contrairement à ce que croyait Kant qui enracine l'utile dans le réel par opposition au goût qui ne s'enracine que dans la représentation [*Critique de la Faculté de juger*, p. 49], l'utile n'est pas moins enraciné dans un statut de représentation que la beauté, telle du moins qu'elle a été analysée par Kant, sans l'avoir été par Bentham lui-même.

Sur fond d'une inquiétude que nous retrouverons – comment se fait-il qu'avec une théorie du plaisir aussi raffinée, l'utilitarisme n'ait pas réussi à produire une esthétique digne de ce nom ? –, il nous reste au moins deux difficultés que nous pensons être en mesure de lever. La *première* est l'apparence de cercle dans laquelle s'enferme la définition du principe d'utilité : l'équivoque tient alors à ce que le principe d'utilité est défini par un sentiment de plaisir mais qui est un sentiment d'approbation de l'utilité. Ne définit-on pas l'utilité par elle-même ? C'est dans la réflexion sur le plaisir et la douleur eux-mêmes que nous trouverons la solution de ce qui prend les allures d'un cercle. La *seconde* difficulté concerne le passage de la qualité du plaisir à sa quantité qui sera clarifié plus tard, dans notre troisième chapitre.

LES FICTIONS BENTHAMIENNES

En dehors du principe d'utilité qui règle, non sans ambiguïtés, tous les secteurs de la vie pratique et théorique, et auquel nul ne peut échapper par ascétisme, puisque Bentham considérera – au moins dans ses premiers ouvrages – que l'ascétisme même n'est qu'une façon maladroite ou perverse de lui être conforme, il est un autre instrument du travail benthamien, présent dès le début de l'œuvre et de maniement subtil – ce qui divise les spécialistes de l'auteur – : la notion de *fiction* qui joue, tout le long de la recherche, un rôle explicite, mais aussi des fonctions plus clandestines sinon moins importantes.

Les sources de la théorie des fictions

Cette notion est née, chez Bentham, plutôt sur le terrain du droit, de la politique et de la morale, tout à fait conformément à son apparition chez les jurisconsultes latins, qui ont très tôt parlé de *fictio juris*; encore que ce que nous appelons, depuis le XVIIIe siècle, l'*esthétique* ait largement contribué à donner, au terme de *fiction*, une grande partie de son sens, à travers la problématique, toujours d'actualité, de la ressemblance. Dans le sillage des Grecs, les Latins ont opposé *facere*, qui donne lieu aux *facienda*, à *fingere*, qui a donné *fiction*. Mais les sens se sont entremêlés depuis ce temps et, si l'on s'en tient à une réflexion historique minimale, ce qui frappe d'abord lorsqu'on regarde la notion de *fiction*, c'est la disparité entre la finesse et la précision de l'usage ponctuel qu'en font les auteurs anciens et classiques, d'une part, et le peu de théorisation qu'ils ont tentée de la notion, laquelle n'a pas connu, sous leur plume, un destin aussi glorieux que l'imagination ou les passions. Ainsi voit-on Descartes, Pascal et Leibniz faire un usage extrêmement subtil des notions de *fiction*, du *figmentum malum* (Br. 453, Laf. 211) qu'ils ne confondent ni avec l'*erreur*, ni avec la *fausseté* et qui sont bien les ancêtres du *mere figment of imagination* [B, III, 244]; on constate la même subtilité chez les Anglo-Saxons qui, comme Bacon, Locke, Berkeley ou Hume, la distinguent de *mistake*, d'*error*, de *falsehood*. Et pourtant, on ne remarque pas beaucoup d'auteurs, si ce n'est Hobbes, qui, avant Bentham – lequel d'ailleurs est bien loin d'inventer le vocable de « theory of fictions », qui sera avancé très tardivement en 1932 par Ogden –, se soient risqués à généraliser ce savoir des fictions en une *théorie des fictions*. La notion de *fiction* remplit partout un rôle indissolublement fondamental et clandestin, et, apparemment du moins, elle se trouve utilisée de façons diverses mais assez homogènes, quel que soit le domaine de son application ; pourtant, elle n'a pas suscité, avant les travaux de Bentham, le désir ou la volonté des auteurs d'unifier ce savoir dont la valeur a pourtant été discutée. Les emplois utiles, décisifs autant que subreptices, de la notion de *fiction*, n'ont pas permis leur théorisation efficace ; il y a plus : lorsque Bentham a tenté cette unification et cette théorisation sous le titre *De l'ontologie*, en partant d'une considération juridique et politique, qui s'est particulièrement étendue – en particulier dans *Chrestomathia* – à ce que nous appellerions l'*épistémologie*, puis à des considérations logiques, ontologiques, économiques, religieuses, il semble avoir fait très peu école ; même au sein de l'utilitarisme où l'on ne peut dire que le IIIe livre consacré au langage dans le *Système de logique* de John Stuart Mill doive beaucoup à la philosophie du langage de Bentham.

Exposé didactique par Bentham de son usage des fictions

Presque partout où Bentham expose, de façon didactique, les notions de *fiction* ou d'*entité fictive*, c'est par différence avec l'*entité réelle* qu'il le fait. Notons d'abord que c'est au moment où l'on produit, dans le discours, des entités, c'est-à-dire des substantifs, des fonctions nominales, que se pose la question de savoir si l'on a affaire à des *entités réelles* ou à des *entités fictives*. Le langage a cette propriété, bien repérée par Berkeley et Hume, de faire croire à une sorte de réalité de la chose désignée par le nom. Ainsi une entité est-elle « réelle » « lorsque, à l'occasion d'un discours et pour les besoins de ce discours, on entend réellement lui attribuer l'existence ». On notera l'étroite connexion de la *réalité* d'une entité et du *meaning*, de l'*intended import* <*la signification envisagée*> [B, III, 248] qu'on lui accorde ; la *réalité* n'a de sens que par rapport à un discours dans sa fonction de substantiver et non plus au *belief* non discursif que l'on trouve chez Hume. « Une entité est fictive lorsque, bien que, par la forme grammaticale du discours que l'on tient sur elle, on lui attribue l'existence, on n'entend toutefois pas la lui accorder en réalité et en vérité ». On fait *comme si* elle était réelle, d'autant que le discours ne permet pas de faire autrement, mais on sait qu'elle n'est pas réelle. Il arrive à Bentham de se lancer dans l'établissement de listes de ce qu'il convient de tenir pour réel, en ajoutant simplement que ce qui n'est pas entité réelle est entité fictive ; mais il ne se tient heureusement pas à l'interprétation dogmatique et réaliste de sa doctrine dont le véritable sens, comme il l'indique lui-même en nous sortant délibérément du sensualisme, est relativiste : le mathématicien ne saurait tenir pour *réels* dans son discours les mêmes êtres que le physicien. Ce qui fait l'essence de l'entité réelle comme de la fiction, c'est, dans le langage, l'acte de *tenir pour* réel ou pour fictif, étant entendu que l'acte de tenir pour fictif – l'entité fictive – présuppose l'acte de tenir pour réel – l'entité réelle – : « Toute entité fictive comporte une relation à quelque entité réelle et ne peut pas se comprendre tant que cette relation n'est pas perçue – tant qu'on n'est pas parvenu à concevoir cette relation ». Comprendre une fiction, c'est donc savoir la rattacher, par un nombre déterminé de relations, à une entité réelle, faute de quoi elle serait dépourvue de sens. Le nombre de relations qui séparent l'entité réelle de l'entité fictive considérée détermine l'ordre <*remove*> de l'entité fictive. « Ordonnée à partir de l'entité réelle à laquelle elle est reliée, une entité peut être repérée comme une entité fictive de premier ordre <*first remove*>, de second ordre, et ainsi de suite. Une entité fictive de premier ordre est une entité fictive dont on peut obtenir un concept en considérant la relation qu'elle entretient avec une entité réelle, sans qu'il soit besoin de considérer la relation qu'elle entretient avec quelque autre entité fictive. [En revanche], une entité fictive de second ordre est une entité fictive qui nécessite, pour qu'on puisse la concevoir, de prendre en compte quelque entité fictive du premier ordre » et ainsi de suite [O, 165-167]. Pour illustrer son propos, Bentham se sert de l'exemple du *mouvement* et suit, de façon quasi-paradigmatique, la méthode mathématique des dérivées. On peut aussi imaginer, quoiqu'il ne le fasse pas explicitement, qu'il s'inspire du système des probabilités bayesiennes, qui distinguent à partir de la « probability » d'un événement, la « chance » d'avoir raison (ou tort) en l'évaluant. La *chance* est une *probability* de *probability*, comme le *mouvement*, dans sa caractérisation, peut donner lieu à un *mouvement de mouvement* (qui n'est autre que la vitesse ; la vitesse donnant lieu à l'accélération).

Les difficultés de cet exposé didactique

L'embarras persistant que nous ressentons devant ces formulations benthamiennes, indéfiniment ressassées d'un bout à l'autre de l'œuvre, avec quelques variantes sur lesquelles nous aurons à revenir, tient à leur invariant, gênant sur le plan logique, puisqu'il ne permet pas de fixer la distinction attendue et semble même enclencher une régression à l'infini, selon laquelle l'entité fictive est, comme l'entité réelle, ce qu'on tient pour réel dans un discours. La seule différence tient à ce que l'entité réelle est présupposée pour que l'entité fictive ait un sens, tandis que l'entité réelle ne paraît pas avoir besoin de l'entité fictive pour se poser. Mais cette dernière formulation est elle-même contestable aux yeux de l'auteur, qui reconnaîtra volontiers qu'il ne peut exister de discours qui ne contienne des entités fictives [TSA, § 9-10 ; p. 75], qu'on ne peut établir des entités réelles sans déployer ni mettre en jeu des entités fictives et qu'il convient, par conséquent, de se montrer assez relativiste pour ne pas poser d'entités réelles qui seraient premières en soi. Telle entité, tenue pour réelle dans un texte, sera tenue pour fictive dans un autre ; non pas par une évolution idéologique quelconque de l'auteur, mais par méthode. Si Dieu est tenu par les matérialistes – et peut-être par Bentham si jamais il se classe parmi eux – [TSA, § 17] pour une entité fictive dans certains textes, il ne l'est pas en soi ; car il peut, pour les besoins d'un autre discours, être tenu pour une entité réelle dans un autre [O, 139]. Il en va de même pour l'esprit que rien ne nous contraint à traiter comme matière, si ce n'est que « toute langue qui traite de l'esprit a inévitablement recours à des fictions *<is unavoidably fictitious>* en parlant de l'esprit comme si c'était de la matière » [C, 179]. Une preuve que l'on peut donner que l'esprit n'est pas en soi une entité fictive, c'est qu'un texte du résumé de *Chrestomathia* lui donne le statut d'entité réelle [C, 174]. C'est pourquoi l'idée de liste des entités réelles ou de référents d'entités réelles est à la fois tentante et absurde ; elle est évidemment irréalisable ; elle n'en divise pas moins profondément les interprètes. Si l'on veut faire de Bentham un empiriste ou un sensualiste, on aura tendance à entreprendre cette liste mais on butera sur ce qui semblera être une contradiction des textes, alors qu'il ne s'agit que de méthode. Si l'on veut faire de Bentham un athée, on tendra à oublier le texte de *L'Ontologie*. Ne crions pas trop vite au relativisme : il ne s'agit pas du tout de cela.

La notion de fiction permet la position et la solution des problèmes inverses

Tant qu'on n'entre pas dans la logique de la nécessité des entités fictives et qu'on en reste à vouloir toutes les remplacer par des entités réelles, on se coupe de la démarche théorique et pratique de Bentham, sous couleur de la simplifier ou de la vulgariser ; cette façon de soulager les textes de leur appareillage nominaliste, sous prétexte de n'en retenir, conformément à la perspective utilitaire, que la partie la plus opérante, est en réalité une trahison de la science benthamienne, qui n'est pas un savoir des choses dans leur prétendue vérité transcendante – lequel est impossible [B, VIII, 218] –, mais qui inclut la conscience de la relativité de ce qu'on dit par rapport à d'autres valeurs. La conscience épistémologique est constitutive de la réalité de ce qu'on veut construire ; elle doit ainsi accompagner tout acte scientifique.

Du coup, la possibilité pour une entité réelle de se poser, dans un discours, comme entité fictive – de quelque niveau qu'elle soit – et la possibilité inverse, pour une entité fictive de devenir, dans le langage, le socle réel de développement de fictions, ne constituent pas un simple jeu de palinodies : elles sont plutôt de l'ordre de ce qu'on pourrait appeler, en logique ou en mathématiques, des problèmes inverses. La réversibilité des fictions en entités réelles et celle des entités réelles en fictions a un sens méthodique : on ne traite pas un problème direct comme sa réciproque. On peut, par exemple, se demander combien il faut examiner de cas pour faire une estimation de probabilité que l'on se fixe comme étant bien fondée ; mais on peut aussi, à l'inverse, ne disposant que de peu de cas à observer, estimer avec quelle chance d'avoir raison, on assigne un degré de probabilité à un cas semblable à ce petit nombre de cas.

Le meaning, entre une conception volontariste et une inscription dans la syntaxe. Qu'est-ce qu'une fallacy ?

Ce qui est clair, c'est donc le partage, en tout discours, quoique cette partition ne semble pas facile à déceler linguistiquement, entre les entités réelles sur lesquelles on s'appuie et les entités fictives. Ce qui l'est moins, c'est la théorie du *meaning* qui oscille entre une conception volontariste du locuteur qui veut ou désire poser ou récuser une réalité, et une conception qui en fait une propriété du langage, repérable dans le langage même, en particulier à travers sa syntaxe – ce que Bentham appelle la *forme grammaticale* –. La fiction est tout à fait significative de ce conflit auquel sont censées échapper les entités réelles puisque leur intention signifiante va de pair avec la syntaxe. Dans le cas de la fiction, la syntaxe seule nous porte à affirmer une réalité que nous désirons ou voulons par ailleurs récuser, puisqu'on n'entend toutefois pas accorder l'existence en vérité et en réalité à l'entité fictive. Mais *qui* n'entend pas lui donner l'existence? Une entité fictive peut tromper celui qui écoute et le soumettre au mensonge de celui qui l'émet; elle peut aussi abuser celui qui parle, quand il ne mesure pas ce qu'il dit et ne sait pas qu'il dit autre chose que ce qu'il croit dire. Y compris sur le terrain scientifique. Bentham s'efforce de distinguer la fiction de l'erreur; non pas que la fiction ne puisse devenir source d'erreur pour celui qui l'utilise ou y est soumis, mais elle donne lieu alors à un type spécifique d'erreur qui est une *fallacy*. Il s'en faut que toute fiction, laquelle enferme toutefois toujours quelque chose de faux, le plus souvent sous la forme de la contradiction, soit toujours fallacieuse. La fiction s'accommode, si l'on en croit la définition qu'en donne Bentham, de la conscience de fausseté et d'irréalité; elle est recevable à ce titre si elle peut servir sous cette forme. Elle est, en revanche, irrecevable quand elle est naïve et oublie les raisons qui l'ont fait accepter : on prend alors pour une vérité le fait d'en avoir besoin pour une autre raison. Ainsi la notion de *fiction* enferme-t-elle une contradiction; mais, pour d'autres raisons que la vérité, la notion se trouve néanmoins acceptée, réfléchie par une sorte d'écran qui fait barrage à sa fuite ou à son éclatement, et qui paraît même lui donner sa consistance. Il y a *fallacy* quand on accepte une fiction sans en comprendre le mécanisme.

Qu'est-ce qui se grave, dans le langage, de la distinction des entités réelles et des entités fictives? Peut-être cette distinction se joue-t-elle moins dans la syntaxe qui tend, au contraire, à identifier les unes avec les autres que dans la sémantique : la fiction est une articulation entre des notions appartenant à des champs très différents. Elle est acceptation de la fausseté, d'une contradiction, pour des raisons évidemment différentes de la vérité même, encore qu'elle puisse produire, par son usage, des effets de vérité. Les fictions partagent avec l'utilité cette propriété d'*intermédiaire*, de *chevillage*. Une *fictio juris* trame la fiction des probabilités. Il n'y a pas de fiction sans passage d'un domaine à un autre.

La diversité des rôles joués par la fiction

On découvre alors que la fiction ne joue pas seulement le rôle d'une abstraction produite à partir d'une entité réelle – comme dans l'exemple favori du mouvement et même si l'abstraction est une dimension essentielle de la fiction [Og, 130] – : elle peut revêtir bien d'autres formes qui vont jusqu'à constituer, dans certains secteurs du moins, un système les unes avec les autres.

Les mathématiques s'accommodent particulièrement bien au discours des fictions

C'est ainsi que la théorie des fictions convient très bien aux mathématiques, parce que, dans de larges secteurs, il n'est pas de vis-à-vis objectif aux constructions qu'elles font. Il est par exemple impossible de dire l'objet qui est visé par la théorie des probabilités, puisqu'il est contra-dictoire, fait d'événements qui peuvent arriver, arrivent ou n'arrivent pas, qui sont ou ne sont pas arrivés, qui arriveront ou qui n'arriveront pas. Jamais la « sortie » d'un événement n'infirmera une attente qui était moins en sa faveur qu'en faveur de l'événement contraire, qui n'a pas eu lieu ; parce que la théorie des probabilités n'est pas la description d'un objet expérimental, mais qu'elle qualifie un rapport, réel ou virtuel à l'expérience, qui peut mettre la théorie en porte-à-faux avec celle-ci. *Il y a plus* et nous croisons ici une description que nous avons faite concernant l'utile et ses médiations : les notions mathématiques d'*espérance* ou de *probabilité*, telles qu'on les voit se construire chez Pascal ne sont pas dissociables de faits et d'événements culturels qui *ne sont pas* mathématiques. La fiction n'est pas seulement un instrument de médiation entre des notions homogènes ; celles-ci peuvent être aussi relativement hétérogènes. Loin d'être séparées des autres événements culturels – ce qu'elles pourraient laisser croire dans la mesure où elles paraissent être et devoir être à part pour les mesurer, les compter et les soumettre à toutes sortes d'opérations –, les mathématiques sont une certaine façon propre et spécifique d'en faire partie, sans les traiter simplement et extérieurement comme un contexte. *Enfin*, dans la mesure où il ne peut exister de concepts sans mots pour les désigner, et dans la mesure où le sens des uns ne recouvre que très sporadiquement le sens des autres, dans la mesure où il change selon les langues et selon les époques, il est particulièrement intéressant de recueillir ces termes qui servent de schèmes et jouent bien ce rôle sur de petits segments avant de devenir fallacieux et égarants plutôt qu'utiles. Bentham regarde de près les arbres, avec leurs racines, leur tronc, leurs branches, leurs ramifications, les plantes, les champs, les tableaux, les tables, les scènes de théâtre qui accompagnent les concepts et leurs relations sur un tout autre mode que leur propre développement mais sans lesquels ce développement ne pourrait se faire. Deux imaginaires sont indispensables l'un à l'autre, mais ils sont disjoints et ils ne coïncident qu'imparfaitement. Ce jeu est une autre fonction des entités fictives.

L'exemple privilégié de la sympathie

Il en est d'autres encore et nous allons montrer sur un exemple privilégié – celui de la *sympathie* – comment fonctionne ce qu'on pourrait appeler la « dialectique benthamienne ».

On peut, jusqu'à un certain point, considérer la fiction comme la solution apparente d'une contradiction. Pour emprunter l'exemple à Hume, la *sympathie* semble forgée pour résoudre une contradiction ou un ensemble de contradictions. Le flux d'impressions et d'idées qu'est l'esprit des hommes peut se structurer dans l'opposition du moi et de l'autre, sans qu'il soit très facile de savoir où passent les limites entre moi et autrui. Il semble impossible de ressentir quelque chose de l'autre qui ne se déroule en moi ; de même, rien n'est à moi qui n'ait été sculpté, à la façon d'une image, par la présence de l'autre, quand bien même je ne sentirais de cette sculpture que les effets. Comment résoudre cette contradiction ? Par la sympathie. La sympathie nous donne l'impression que nous franchissons la distance infinie, modale, qui nous sépare d'autrui ; du moins nous le figurons-nous. Par la sympathie, nous faisons comme si la difficulté, voire l'impossibilité, était surmontée, parce qu'il est nécessaire que nous la surmontions. Nous faisons comme si un point de vue était possible et prenable pour mettre à l'unisson le sentir de moi-même avec le sentir de l'autre. Nous inventons ce point mais faisons comme si nous l'éprouvions et le découvrions, encore qu'il soit plus profond que tout ce qu'il est possible d'en sentir. Par la sympathie, les hommes croient être ou feignent de se trouver susceptibles de ressentir la même chose de la même façon alors qu'ils ne font et ne peuvent jamais faire mieux que s'imaginer tels ; la confusion fondamentale, comme l'a bien repéré Pascal, étant celle de *sentir* et de *s'imaginer sentir* (Br. 275 ; Laf. 975). La sympathie est une fabrique qui, pour mieux jouir d'elle-même, ne veut pas se savoir elle-même. Les fictions ont cette propriété de franchir symboliquement des positions contradictoires ; elles sont là pour faire *comme si* on les franchissait, comme fondant la possibilité de les franchir. Impossibles et indispensables : voilà leur double caractéristique, dont on ne sait trop si le langage la permet, puisqu'il rend possible de poser une impossibilité s'il est nécessaire [O, 85], ou si c'est elle qui permet le langage [Og, 137].

À la différence de la philosophie transcendantale qui partirait volontiers du fait senti d'une connivence ou d'un contact avec autrui et se demanderait comment l'une ou l'autre est possible, la théorie des fictions, qui brise avec le dogmatisme empirique de cette attitude, met en question l'expérience prétendue, ne la « croit » pas et soupçonne qu'elle est un leurre. Elle fait une plus grande place au scepticisme en décelant que certaines expériences prétendues ont, en réalité, un statut de fictions. La difficulté particulière de ces fictions est que leurs « solutions » ne font pas l'unanimité et que tel penseur de fictions comme Hume reconnaît une valeur réelle ou existentielle à la sympathie là où Bentham la conteste et pense que la sympathie n'est que l'expression affective et mensongère, le signifié contingent, d'un rapport à autrui qui s'exprime mieux par les lois, les règles, les institutions que par les affects, lesquels risquent de nous entraîner ou de nous laisser fort loin d'elles dans l'errance. Certes, Hume convenait que les affects eux-mêmes dussent être « established » [Hume, 1978, p. 335, 357] ; mais ce qui importe aux yeux de Bentham, c'est que le rapport aux lois, aux règles, aux institutions a toutes les chances d'être faussé par la sympathie ou par l'antipathie. La sympathie dévoie les châtiments ; elle porte à privilégier sans raisons certaines personnes par rapport à d'autres. Ses calculs sont faux ou irréels ; elle croit rétablir la justice dans une situation d'injustice, mais celui qui ressent la sympathie n'opère ce rétablissement que dans sa tête.

Il s'agit, non pas évidemment de détruire la sympathie, qui s'inscrit si fortement en certaines langues, ni même d'en négliger les informations, mais de se tenir vigilants à leur égard, en évitant de croire qu'elle est le véritable principe – parce qu'elle paraît se mettre à l'unisson de l'altérité même – de la justice, de l'éthique, de la morale, qui se donneraient immédiatement et sans construction. Il s'agit, non pas de prendre un problème fantasmé pour sa solution, mais plutôt de savoir – et c'est sans doute la raison pour laquelle certains psychanalystes s'intéressent autant à Bentham – ce qui tire en sens contraire du principe d'utilité, lequel requiert d'être consciemment et délibérément construit. Les fallacies sont *construites* comme les autres entités fictives, mais elles ne connaissent pas – ou ne veulent pas connaître – le principe de leur construction et croient volontiers – ou feignent de croire – à l'immédiat, à la simplicité, à la nature, à la possibilité d'une expérience originaire. La théorie des fictions montre comment on peut, tout en invoquant des valeurs, tromper effrontément ses concitoyens.

Le pli comme fonction essentielle de la fiction

Dans le même ordre de fictions que celles qui accompagnent les mathématiques – *arbre, tronc, branchage*, etc. –, il nous faut débusquer l'entité fictive du *pli*, qui permet toutes sortes de liaisons entre des concepts différents, tout simplement parce que le pli est celui qui, traversant un signe, oppose le signifiant au signifié ; avec la possibilité qu'un signifié joue le rôle d'un signifiant pour un autre signifié. Bentham ne souligne pas lui-même la notion de *pli*, mais nous la voyons jouer, en analysant certaines œuvres, un rôle très spécifique en liant le général au particulier, l'économique au spirituel, le charnel au spirituel, le sensualisme à l'intellectualisme dans la question du témoignage, le rituel et le spirituel. C'est ainsi que, dans *Jesus, but not Paul*, la vie religieuse de Paul est présentée comme indissociable de ses conduites économiques comme si toutes les deux ne laissaient qu'une seule trace ou un seul ensemble de signes dont il n'est pas décidable de savoir si la religion est plutôt le signifiant que le signifié. De même, la sainteté, pour se constituer, s'empare des éléments les plus hétérogènes : les langues que l'on parle, les traits de caractère que l'on présente ou que l'on dissimule, les vertus morales que l'on a ou dont on manque et que l'on feint d'avoir, tout peut servir de langue à l'Esprit sur le compte duquel Bentham ironise.

Le terrain religieux constitue pour les fictions une terre de prédilection

Sans être davantage une *application* de la théorie des fictions que les autres usages qui en sont faits, le travail qui est effectué grâce à elle sur le terrain religieux ne la laisse pas indemne et lui donne d'autres fonctions à exercer que celles que nous avons déjà repérées.

Ce qui est d'entrée de jeu souligné par Bentham, c'est que la religion est éminemment une fiction [IPML, 245]. On songe évidemment à toutes les expériences de pensée qui situent le lecteur de l'autre côté de la mort dans le royaume des cieux. Il est des gens pour vous dire ou pour écrire que : « par-dessus le fonds de souffrance et de jouissance dont vous avez expérience et qui se distribue dans la vie où vous êtes, il y en a un autre tout différent qui doit se distribuer dans une vie à venir qui suivra la présente » (DR, § 13). Ce qui est moins une vérité ontologique que l'intimation d'un mode de vie pratique : *Vis comme s'il y avait un envers à la vie*. Mais il est beaucoup d'autres usages de la théorie des fictions parce qu'il arrive très souvent que, dans les paires d'antonymes précitées, une inversion soit possible et que le terme que l'on tient pour réel soit renversé comme fictif. S'il est une lecture qui fait du spirituel du matériel non reconnu comme tel, il est un autre usage des fictions qui, loin d'opposer l'argent au religieux, l'économique au religieux, le temporel au spirituel, comme si nous avions affaire à deux entités complètement séparées l'une de l'autre, nous porte à reconnaître, dans les deux termes opposés, la même chose lue différemment. Les paraboles, comme celle de l'ouvrier de la onzième heure (Matth. X, 1-16), ne sont-elles pas à lire ainsi d'une double façon ? La thèse principale de *Non pas Paul, mais Jésus*, qui est celle d'une dissidence ascétique survenue dans le christianisme, par Saint Paul, qui aurait dévoyé le message christique sous prétexte de le mieux fonder, n'oublie pas les aspects économiques de l'affaire, directement attenants au religieux, en montrant comment Saint Paul prend le contrepied de l'égalitarisme économique des premières communautés chrétiennes [*Non pas Paul mais Jésus*, p. 217, 391, CIII].

Le travail du Pannomion est au fondement des « sciences humaines » comme du religieux

Toutefois le type de fiction que nous trouvons le plus fréquemment est celui que Bentham a théorisé et n'a cessé de peaufiner jusqu'à sa mort, dans ses *Pannomial Fragments*, en montrant que les phénomènes économiques dont on peut construire des suites – il prend en général l'exemple de la constitution de la plus-value – sont susceptibles d'une lecture affective, par exemple, qui, tout en s'appuyant sur les mêmes suites, leur donne un tout autre sens. C'est ainsi que, après avoir relevé qu'avec un S, une somme d'argent, on peut faire un accroissement de cette somme ΔS – ce qui transforme S en S', qui est égal à $(S + \Delta S)$ – et que l'opération peut être réitérée autant de fois qu'on veut – de telle sorte qu'on obtienne une suite : $\Delta S/S$, $\Delta S'/S'$, $\Delta S''/S''$, etc. –, il établit qu'il est plus pénible de perdre une somme qu'il n'est heureux de la gagner. Il inscrit ainsi ce résultat : derrière le ΔS que l'on perd ou que l'on gagne et qui peut sembler équivalent, rapporté au S de départ, l'affectivité lit le rapport ou la suite de rapports de cette façon : la perte de ΔS, rapporté à $(S - \Delta S)$ (puisqu'on perd ΔS), est évidemment ressentie plus vivement que le gain de ΔS, rapporté à $(S + \Delta S)$ (dans le cas où l'on gagne ΔS). Mais les cas des paraboles bibliques sont souvent plus subtils tout en relevant de la même approche : il faudrait un calcul qui tînt compte qu'un objet perdu, puis retrouvé, n'est pas le même objet qu'un objet de valeur économique équivalente et qu'il ne se compte pas de la même façon affectivement. La façon dont les *Pannomial Fragments* produisent des fictions ne les oppose pas comme des choses ; elle les accommode comme s'ordonnant selon des suites différentes et regarde quelles relations elles entretiennent entre elles, quels croisements elles opèrent. Le religieux est à son affaire dans ces accommodements, relations et croisements. Il perd, au contraire, tout sens quand on le pose comme substantiel, à côté de prétendues autres substances, comme l'économique, l'argent, ... qui sont aussi relationnelles que lui. En dépit de ceux qui veulent séparer le temporel et le spirituel, Bentham pense au contraire qu'il faut s'en garder ; qu'on ne peut pas exprimer le spirituel autrement qu'en termes matériels et qu'il ne pourrait y avoir de spirituel qui ne s'incarnât dans le temporel [C, 179] ; qu'il existe donc des lectures religieuses des affaires économiques comme il y a des lectures économiques du religieux.

Il y a au moins deux travers que la théorie des fictions permet de contourner. Le *premier* est d'user de l'opposition du *propre* et du *figuré*, comme si le religieux était forcément le figuré du propre, lequel serait incontestablement constitué par l'économique, le politique. Le religieux est tout aussi réel que ce qui est ordinairement pris et consacré comme réel. Cette inversion mène Bentham si loin qu'il admirera que Berkeley ait pu renverser le dogme selon lequel l'âme et les entités religieuses doivent se classer parmi les entités fictives tandis que le corps, en raison de sa matérialité, doit se classer parmi les entités réelles. L'inversion entre le réel et le fictif permet le résultat inattendu de considérer la matière comme une entité fictive [T, 5]. Le *propre* et le *figuré* sont des notions relatives et l'on a grand tort quand on tient l'un comme étant l'absolu de l'autre. Il est souvent trop tentant de voir du figuré là où il faudrait voir du propre. Le *second* est l'usage que font les hégéliens de la notion de *médiation*, comme si l'on pouvait faire passer des concepts les uns dans les autres, alors que l'enjeu est tout autre, puisqu'il est de lire économiquement, politiquement, socialement, des phénomènes et des notions religieux et religieusement des phénomènes et des notions économiques, politiques, sociaux. L'un des avantages de la théorie des fictions – au moins dans certains de ses usages – est qu'elle permet de garder la consistance des termes, les lisant les uns par les autres, sans les forcer à s'identifier les uns aux autres ou à se diluer les uns dans les autres. Quand Bentham montre qu'un gain d'argent est toujours ressenti comme moins heureux que n'est ressentie comme malheureuse la perte de la même somme, il ne demande pas aux affects de devenir des sommes d'argent ni aux rapports de sommes d'argent de devenir des affects, mais aux uns de se laisser lire par les autres. On ne fait pas fondre les oppositions ; dans un mouvement de balance, on adopte des points de vue différents.

Conclusions

Nous ne nous aviserons pas de classer ces divers types de fictions dont nous n'avons fait que dresser une liste, restée ouverte ; en revanche, il est une marque qui nous frappe par son évidence : un même *leitfaden* ou un même sillon d'approfondissement traverse toutes ces recherches et nous paraît aller de la théorie des passions chez Hume (dont la double association des idées et des sensations se trouve stabilisée par le langage) jusqu'à

Bentham qui nous sort de l'image d'un faisceau ou d'une gerbe pour devenir un jeu d'équations algébriques, plus encore rêvées qu'effectives, il est vrai ; et qui connaîtra quelques résonances chez Marx lorsqu'il montrera le jeu de l'utile et de la plus-value à peu près selon le même modèle de séries. Il se pourrait que les mathèmes benthamiens vaillent plus que des calculs d'épicier. Il nous faut désormais inspecter le système de plaisirs et de douleurs dont ces faisceaux de lignes ont, pendant plus d'un siècle, prétendu rendre compte.

Faisons ressortir auparavant un dernier point qui distinguera la dialectique qu'est à sa façon la théorie des fictions de la dialectique transcendantale de style kantien. Réfléchissant essentiellement sur les rapports que les sujets entretiennent avec les objets qu'ils construisent, les choses, les langues dont ils se servent, la théorie des fictions est une dialectique ; et cette dialectique n'est-elle pas, par essence, linguistique ou, du moins, ne trouve-t-elle pas fondamentalement son point de départ dans les langues particulières ? Il est évident, par exemple, que la contestation de la substance, qu'il s'agisse de celle du *je pense* ou de celle des objets extérieurs, ne peut s'effectuer avec la même insistance dans une langue qui, comme l'anglais, peut, grâce à son gérondif, substantiver les formules verbales sans être obligée de les transformer intégralement en noms et en les maintenant en quelque sorte dans leur caractère événementiel, que dans une langue qui, comme le français, contraint son locuteur à substantifier ce qu'il veut substantiver. Quand, de plus, un primat de la voix active sur la voix passive vient renforcer, dans une langue comme le français, le caractère substantif, il est clair que la cure dialectique, sur ce point, est plus urgente en français que dans une langue qui, par ses passifs, marque facilement au locuteur une place qu'il n'a que trop tendance à oublier dans la première. Les langues sont situées si différemment à l'égard de ce dont elles parlent que la dialectique par laquelle elles se critiquent elles-mêmes ne saurait avoir la même fonction en toutes. Voilà pourquoi Bentham manifeste dans les *Springs of action* de sa *Deontology* le lien profond de la langue dans laquelle il travaille avec les objets ou matériaux dont il traite, c'est-à-dire qu'il classe et organise ; il indique une direction de recherche plus intéressante encore lorsqu'il propose une distribution différente de ses objets en fonction des diverses langues [D, 88]. Ce qui est ainsi préconisé par Bentham, encore qu'il ne l'ait pas réalisée généralement, c'est une sorte de dialectique de la dialectique, très conforme au mouvement repéré par la théorie des fictions.

En effet, la philosophie transcendantale imagine volontiers qu'elle peut ignorer la pluralité des langues et poser ses problèmes indépendamment de la langue dans laquelle elle s'expose, un peu comme on imagine que l'on voit les objets dans une théorie mathématisante de la perception. Qu'on soit placé d'un point de vue ou d'un autre, on voit, selon l'idéologie de la perspective, au bout du compte, les mêmes objets et l'on imagine même pouvoir déduire, situé comme on l'est, comment on verrait les « mêmes » choses si on était situé autrement ; de même, qu'on s'exprime dans une langue ou dans une autre, on a, selon l'idéologie transcendantale, au bout du compte, rapport aux mêmes objets et aux mêmes problèmes. Or rien n'est moins sûr et les torts sont équivalents de se figurer pouvoir dépasser d'un coup, sans même poser le problème ni s'attarder un instant sur sa solution, la singularité d'une langue et de croire que la conception mathématique de la perspective donne la vérité de toutes les positions. On est, dans les deux cas, victime de la même abstraction universaliste, qui fait fi de la singularité, qu'elle soit celle d'un situs perceptif ou celle d'un situs linguistique. Or la singularité d'une langue est telle qu'elle n'occupe qu'en apparence des places accessibles à une autre langue ; le jeu des notions, lequel n'est précisément pas séparable des langues, ne saurait apparaître en l'une comme en l'autre. Ainsi, dans le privilège qu'elle accorde au linguistique sur le logique, la dialectique de la théorie des fictions est peut-être plus juste que celle des philosophies transcendantales qui veulent ignorer la construction de leurs solutions et, plus encore, la singularité linguistique de leurs points de vue.

LES PLAISIRS ET LES DOULEURS. LEUR CALCUL

Le plaisir est-il une entité réelle ou une entité fictive ?

On a souvent attaqué l'utilitarisme benthamien pour l'ambiguïté de son principe central qui contient deux maxima dans le même énoncé ; on a moins mis l'accent sur l'équivoque du statut du plaisir chez Bentham. Il semble que, dans certains textes, les plaisirs et les douleurs soient des entités réelles et que leur calcul, reposant sur cette homogénéité de réalité, ne pose pas de problèmes dans le principe. C'est le cas, lorsque, dans les *Logical Arrangements*, Bentham fait remarquer que « la classe des entités fictives politiques, qui comprend les entités légales, ne prend sa signification que par les relations que les mots qui désignent ces entités entretiennent avec les idées fondamentales de douleur et de plaisir » [B, III, 287]. Le fait de pouvoir rapporter diverses entités politiques, éthiques, morales, à des mots qui servent de schèmes à l'égard du plaisir et de la douleur est censé désigner la preuve qu'elles peuvent être rapportées les unes aux autres par un calcul. En revanche, il est d'autres textes, comme *The Influence of Natural Religion*, qui distinguent fortement le sort des plaisirs de celui des douleurs, non seulement pour la raison que les douleurs sont, pour l'ordinaire, beaucoup plus vives et pressantes que les plaisirs ; qu'elles nous tenaillent beaucoup plus continûment ; mais encore pour ce que, si la culture et la civilisation ne faisaient rien afin de connaître les maux, tenter de les repousser et les éradiquer, ils domineraient très largement les plaisirs. On peut se demander si, dans ces conditions, il est possible d'accorder aux plaisirs et aux douleurs le même statut d'entités réelles. L'analyse de *The Influence of Natural Religion* oppose explicitement le caractère « naturel » de la souffrance au plaisir qui est une « formation secondaire, quelque chose qui se surajoute à la satisfaction de nos besoins au moyen d'un supplément d'artifice ». « Le besoin et la peine sont naturels ; la satisfaction et le plaisir sont artificiels et inventés » [I, 35].

Le caractère d'élaboration secondaire, de feinte et de fabrication des plaisirs ne permet-il pas de porter l'accent sur un sens de la notion de *fiction*, qui n'avait guère été mis en avant jusque-là par la théorisation benthamienne et qui rejoint la signification ancienne, latine, de la notion de *fictio* ? En d'autres termes, quand on essaie d'y voir clair sur le statut du plaisir et de la douleur chez Bentham, on est amené à réviser ce qu'il appelle *entité réelle* et *entité fictive*. C'est ce lien entre le statut du plaisir et de la douleur, d'une part, et les réquisits du calcul, d'autre part, qui nous intéressera dans cette section.

La dette de Bentham à l'égard de Hume

Malgré tous les griefs que Bentham adresse à la philosophie de Hume, le principal étant qu'il n'a pas poussé assez loin les analyses des actes et des mouvements psychiques jusqu'à les réduire à des fonctions plus ou moins complexes de plaisirs et de douleurs [D, 323 ; 350], il lui sait gré d'avoir distingué les *impressions* et les *idées* [D, 350] et, parmi les impressions, d'avoir distingué les *impressions de sensation* (que lui-même, Bentham, appelle *perceptions*) et les *impressions de réflexion* (vocable plus adéquat que *passions* pour désigner les affects ou les sentiments). Le terme d'*impression de réflexion* n'ôte certainement pas les objections de Bentham à l'encontre de la conception humienne des passions, qui masque ainsi leur composition de plaisirs et de douleurs [D, 350] et empêche tout calcul moral ; mais il y a, à nos yeux cette fois, beaucoup plus grave, tant pour Hume que pour Bentham. Hume, pour qui le bien n'est jamais que du plaisir [*A Dissertation on the Passions*, sect. I, 1er §], le mal consistant en douleur, avait toutefois hésité sur le statut du plaisir. Il semblait le tenir tantôt comme une sensation, caractérisée par une extrême vivacité par rapport aux idées, plus pâles, plus ternes ; tantôt pour une impression de réflexion, c'est-à-dire une sorte d'impression secondaire par rapport aux sensations ou à ce que nous appellerions, conformément à la désignation benthamienne, des perceptions. Si la distinction admirée par Bentham achoppait sur la question centrale du plaisir, ne serait-ce pas la preuve que cette distinction n'était pas aussi efficace qu'elle le paraissait ?

Mais, si gênante soit-elle dans la philosophie de Hume, l'équivoque sur le statut du plaisir est plus grave encore chez Bentham, dès lors que le plaisir devient, comme le déplaisir et la douleur, l'un des fondements essentiels des spéculations psychologiques, mais aussi sociologiques, économiques, historiques, et qu'il donne lieu, non plus seulement, comme chez Hume, à une inspection de caractère logique ou structural, éventuellement à des enchaînements de caractère logique, sous le nom d'*associations*, mais à coup sûr pas à des calculs de caractère mathématique, comme chez Bentham. L'équivoque sur les éléments que l'on met en jeu dans l'opération qui s'est voulue et logée au cœur de l'utilitarisme, si elle était avérée, deviendrait évidemment, chez Bentham, gravissime, puisque l'ambiguïté s'installerait alors au fondement de la doctrine et vicierait sans remède toutes ses ambitions calculatrices, arithmétiques et dynamiques. On pourrait se demander si cette équivoque n'explique pas le peu d'empressement de Bentham, si l'on excepte les deux dernières décennies de sa vie et de sa recherche, à dépasser le niveau des réquisits des calculs moraux et leur expression qui est restée très longtemps plus logique que proprement mathématique, numérique ou algébrique (en particulier), alors même que cette mathématique a été d'emblée revendiquée par l'utilitarisme comme sa marque.

Toutefois, quand bien même les expressions qui chercheraient à définir le plaisir ou, s'il n'a pas de définition, à lui en donner un équivalent, n'aboutiraient qu'à des versions contradictoires, en tout cas peu compatibles directement entre elles, il faut se souvenir que ni les plaisirs, ni la mise en place de calculs, que ce soit en dynamique ou en quelque autre science humaine, n'est séparable chez Bentham de la théorie des fictions, qui est aussi essentielle à la doctrine que la dialectique chez

Aristote ou la métaphysique chez Descartes. L'apparente équivoque sur le plaisir nous fournit l'occasion de le montrer, mais il faut commencer par l'inspecter.

Les distensions de la notion de plaisir : naturalité/ artificialité ; primauté/secondarité ; réalité/fictivité

Chacun connaît la prodigieuse entrée, des milliers de fois citée, de l'*Introduction aux Principes de la morale et de la législation* : « La Nature a placé l'humanité sous le gouvernement de deux maîtres souverains : la douleur et le plaisir. C'est à eux seuls de fixer ce que nous devons faire, tout comme de déterminer ce que nous ferons » [B, I, 1]. S'il ne peut échapper à personne que la douleur est citée avant le plaisir, nul ne saurait nier non plus que la nature est invoquée pour établir la soumission des hommes au principe qui généralise le fait qu'ils cherchent leur plaisir et évitent, autant que possible la douleur et qui, à la fois, leur intime de le faire. Mais que reste-t-il de l'assimilation de la souffrance et du plaisir du point de vue de la naturalité de leur principe, ou de la symétrie qui s'installe entre eux, quand, une trentaine d'années plus tard, Bentham publie en 1822, sous le pseudonyme de « Philip Beauchamp », *The Influence of Natural Religion on the Temporal Happiness of Mankind?* On lit, en effet, après avoir admis l'idée humienne, défendue par Philon dans la Xe Partie des *Dialogues sur la religion naturelle*, que « la douleur est une sensation infiniment plus violente, plus tenace, plus distincte que le plaisir », qu'elle prend « des formes plus diverses, mieux déterminées ; elle s'imprime mieux dans la mémoire et elle s'empare de l'imagination avec une plus grande maîtrise et plus durablement » [Hume 1986, 65 ; Hume

1987, 130]. La souffrance en impose plus à notre esprit, même quand il s'agit de la concevoir, que le plaisir. Et, allant cette fois au bout de la contradiction avec le texte publié en 1789, Bentham écrit, ne reconnaissant plus la naturalité qu'à la souffrance :

> En outre, la nature ne met constamment à notre disposition que la douleur, avec le besoin <*want*> ou l'inquiétude <*uneasiness*>, qui est une espèce de douleur. Le mode d'apaisement de ces besoins dépend des découvertes de l'industrie humaine ; ce qu'on appelle *plaisir* est une formation secondaire, quelque chose qui se surajoute à la satisfaction de nos besoins par un supplément d'artifice et dont il n'est possible de jouir que lorsque leur satisfaction est parfaite dans l'instant présent autant que disponible et certaine à l'avenir. Le besoin et la peine sont donc naturels ; la satisfaction et le plaisir sont artificiels et inventés : c'est pourquoi aussi les premiers auront davantage tendance à se présenter comme caractérisant un état inconnu que les derniers » [I, 35].

Le texte n'est pas seulement riche par sa négation explicite de la naturalité des plaisirs, qui le met en porte à faux avec l'*Introduction aux Principes de la Morale et de la Législation*. Cette négation le rattache à l'*Essay* de Ferguson *on the History of Civil Society* qui montrait comment le surplus d'efforts soustraits à la maintenance d'une survie précaire permettait de fantasmer une autre vie, faite d'invention, de progrès, de recherche purement spéculative par laquelle l'intelligence joue avec elle-même et jouit d'elle-même, conjurant de plus en plus efficacement les souffrances, résultant autant des calamités que des cruautés des hommes, et recherchant, de plus en plus ouvertement, le plaisir. Nous nous autorisons à faire cette référence à l'*Essai sur l'histoire de la société civile* parce qu'il existe au moins une allusion de Bentham à Ferguson répertoriée par l'index de Bowring. Il ne fait pas de doute que Bentham connaissait ce Rousseau écossais. Comment le mot de *superadded* n'évoquerait-il pas chez Ferguson celui de *superstructure* – mot que Bentham, loin de l'ignorer, utilise par ailleurs –?

Mais, outre cette allusion à Ferguson, le texte de I, 35 vaut encore par l'insistance sur le langage : à la différence de la douleur, considérée au premier degré, il s'agit moins du plaisir que de *ce que nous appelons plaisir*, ce qui est très différent. Bentham insiste sur le caractère de *secondarité* du plaisir par rapport à la douleur. Cette *secondarité* n'est pas elle-même sans ambiguïté. Elle veut dire deux choses assez différentes. La *première* est que, tant individuellement que phylogénétiquement, il faut commencer par elle ; la constitution des plaisirs est postérieure à une souffrance initiale dont elle tente de s'arracher. La douleur est plus archaïque que le plaisir, lequel se forme à partir d'elle, en essayant de la vaincre et de l'écarter progressivement ; ce qui ne se fait jamais totalement, sans reste ni sans illusion. Nous rejoignons alors un *second* sens de la primarité de la souffrance sur le plaisir : la douleur est toujours plus réelle que le plaisir ; elle insiste et résiste beaucoup mieux que lui, qui est plus imaginaire, volatile et fragile. La douleur constitue l'essence ou la matière même de la sensation. Elle est la toile de fond de toutes les sensations, y compris des plaisirs. L'ambiguïté du terme *pathologique* reflète cette équivoque, qui a lieu chez Bentham [TSA, 87, § 5, 89, § 14] comme chez Kant, qui ne se sont pourtant pas concertés. La question de la *naturalité*, qui est liée au thème de la primarité et de la secondarité, doit être complétée par une considération.

Il n'est pas fortuit que la question de l'inégalité de la souffrance et du plaisir au regard de la *naturalité* éclate dans un livre qui traite de la religion naturelle : la douleur est plus naturelle que le plaisir en ce que l'homme est toujours en posture de la subir ; il ne la veut pas ou, s'il croit la vouloir, ce n'est qu'à travers les arcanes de l'ascétisme dans lequel il perd les fils du plaisir qu'il poursuit en réalité. La douleur est un souverain redoutable et nous ne nous mesurons à elle que comme à un maître étranger que nous n'avons pas choisi, mais dont nous ne sommes jamais sûrs qu'il ne parviendra pas à nous terrasser ; alors que le plaisir renvoie à ce que l'homme peut faire de lui-même, dans sa précarité et dans une sorte de fadeur où il se reconnaît lui-même. Autant le plaisir donne l'impression qu'il se connaît lui-même, autant la douleur, qui apparaît comme l'antichambre de la mort, terrifie parce qu'elle est inconnue. Elle est au-delà de tout art, de tout artifice, lesquels sont plutôt faits pour la vaincre, sauf quand il s'agit des raffinements de cruauté de tortionnaires ou de pervers.

Mais ce qui ne laisse pas d'étonner le lecteur de Bentham, c'est que, pour être écartelées selon l'axe de la naturalité et de l'artifice, de la primarité et de la secondarité, de la réalité et du caractère imaginaire et fictif (sur lequel nous reviendrons), les notions de *peine* ou de *souffrance* et de *plaisir* sont jointes quand on s'apprête à leur faire jouer un rôle dans le calcul. Ce qui conduit Bentham à des contradictions au moins *in verbis*, quand elles ne sont pas purement et simplement assumées essentiellement et avec des raisons. Bentham déclare tout net, à l'article 15 des *Springs of action*, que « les plaisirs et les douleurs sont sans aucun doute des entités réelles », dans lesquelles les autres entités fictives trouvent leurs racines [TSA, 6, A. 14]. L'affirmation est si peu une inadvertance que le thème est repris dans les mêmes termes à l'article 45 et qu'il figurait de façon plus ferme encore, s'il est possible, dans l'introduction [TSA, 5]. Il y a plus : la démarche analytique qui conduit Bentham à vouloir réduire toutes les entités psychologiques et morales à des fonctions de plaisirs et de douleurs [TSA, 7], le porte à traiter tout uniment le plaisir et la douleur qui sont, au même titre, « comme les *racines*, les *piliers* fondamentaux ou les *fondations* de tout le reste [les autres entités psychiques], la *matière* dont toutes les autres sont composées – ou les *réceptacles* de cette matière » [TSA, 98 ; T, 23]. Avec la raison suivante qui, pour le coup et alors même que nous avons vu la réflexion sur la religion briser cette unité, vaut autant pour les plaisirs que pour les douleurs : « Des [PLAISIRS et des DOULEURS], l'existence est le contenu d'une expérience universelle et constante. Sans le secours d'aucun des autres, *ils* sont susceptibles d'*exister* – et aussi souvent qu'ils passent *inaperçus*, ils entrent réellement dans l'*existence* », mais « sans eux, aucun de tous les autres n'a jamais pu ni ne pourrait jamais exister » [TSA, 98 ; T, 23]. Cette fois, toute préséance des douleurs sur les plaisirs a disparu. Il est vrai qu'il ne s'agit plus de métaphysique ni d'ontologie, mais de calcul qui ne saurait permettre de disparité ou d'hétérogénéité, sans qu'elle ne soit réduite d'une façon ou d'une autre.

Quant à la primarité de la douleur sur le plaisir, elle paraît s'effacer dans *A Table of the Springs of action*, où l'*originarité* est liée à l'accompagnement direct de la perception, alors que la *dérivation* ou *secondarité* est liée à l'accompagnement de la mémoire et de l'imagination qui objectivent plaisir et douleur. Certes, on peut entendre que le plaisir requiert, pour exister plus de mémoire et d'imagination que la douleur; mais il faut bien constater qu'ils sont traités de la même façon et que les articles 54-59 font état de peines dérivées, et pas seulement de plaisirs dérivés; même si les *Springs of action* reconnaissent très volontiers ce que la lecture de Hume et la réflexion sur la religion naturelle forcent Bentham à admettre : que la douleur est ordinairement plus vive que le plaisir, ce qui contraint le législateur à jouer davantage sur les punitions que sur les récompenses.

Les distensions précédentes sont réductibles

On aurait grand tort de laisser béantes les contradictions précédentes sans les retravailler; loin d'être des inadvertances ou des évolutions de l'auteur sur des points essentiels de sa doctrine, elles peuvent s'entendre parfaitement dans le cadre de sa théorie des fictions. Commençons ici par saisir comment, situées dans l'ensemble de la philosophie benthamienne, les contradictions précédentes peuvent être considérablement réduites.

D'abord, si les douleurs sont estimées plus « *naturelles* » que les plaisirs, la nature n'exerce jamais son influence sur l'humanité que par une double maîtrise, celle de la douleur et celle du plaisir; même la relation de causalité dans laquelle entrent les douleurs comme les plaisirs n'est pas de l'ordre d'une détermination par la situation qui ne laisserait aucune marge de manœuvre aux acteurs, puisqu'elle exerce plutôt de l'autorité. Les situations font autorité sur les agents par le plaisir ou par la douleur; c'est-à-dire que, sauf dans le cas où la douleur est trop aiguë, elles laissent à l'agent plus ou moins de possibles jamais entièrement réduits par la nécessité.

Ensuite, les notions de *primarité* et de *secondarité* doivent être prises en un sens plus relatif qu'absolu. Quand on dit que la douleur précède le plaisir, il faut l'entendre à la façon dont Pascal nous demande d'envisager les rapports de la nature et de l'habitude, c'est-à-dire en étant toujours prêts à quelque renversement : « La coutume est une seconde nature, qui détruit la première. Mais qu'est-ce que la nature ? Pourquoi la coutume n'est-elle pas naturelle ? J'ai grand peur que cette nature ne soit elle-même qu'une première coutume, comme la coutume est une seconde nature » [Laf. 126, Br. 93] ; ce qu'on prend pour naturel ne l'est pas nécessairement et que l'on a tôt fait de prendre pour une primarité ce qui n'est qu'une secondarité inaperçue, ne serait-ce que parce qu'elle est vécue immédiatement. Le problème de toute analyse est toujours de savoir si on l'a faite remonter assez loin.

Nous rejoignons ici l'un des points sur lesquels Bentham s'est le plus arrêté : l'usage idéologique des termes de *nature* et de *naturel*, qui permet aux idées les plus conservatrices et les plus réactionnaires de trouver refuge en un confortable asile [TSA, 42, A. 426]. Tout ce qui a intérêt à cacher qu'il a été construit ou le mode de sa construction tend à se donner pour naturel. Or il ne s'agit, sous ce vocable, que de l'activité humaine vue à l'envers et « à chaque fois que l'on vous prie de la voir faire l'ouvrage de l'*homme*, soyez sûrs que ce n'est pas la *Nature* qui le fait, mais l'*auteur* <the *author*>, ou tel ou tel qu'il monte sur un piédestal et qu'il habille, à cette fin, des robes de la déesse » (C, 268-269 ; trad. fr., 312). Dès lors, on voit qu'il faut prendre garde aux axes précédents que nous ne saurions laisser dans une abstraction aux distinctions trop coupées et qui correspondent, chez Bentham, à des visées différentes. Comment oublierait-on, d'ailleurs, que, dans un utilitarisme, qui place l'action humaine au fondement de tous les autres êtres et de leurs mouvements, le rapport traditionnel de l'ontologie et de la déontologie se trouve inversé? L'action ne s'engage pas dans un être déjà là; elle se forme elle-même l'être dont elle a besoin.

Enfin, un autre point doit retenir notre attention. On ne voit pas pourquoi le plaisir serait moins une entité fictive que toute autre entité psychologique, puisqu'il est aussi divers qu'aucune autre et que l'entité *plaisir* n'est pas moins abstraite et, comme telle, pas moins inconstante et inexistante qu'aucune autre. Le plaisir n'existe jamais que comme point commun, non vécu et tout à fait inhabitable, de toutes sortes de perceptions, souvenirs, imaginations, projets, qu'il accompagne si l'on peut dire; quoique, en vérité, ce ne soit pas le plaisir qui accompagne, mais bien ces autres perceptions et autres entités qui sont « *interesting* » [AIPML, 42] et qui, à ce titre, plaisantes ou déplaisantes, permettent la construction du plaisir. Car une telle construction *in abstracto* du plaisir et du déplaisir est indispensable à la base de tous les ressorts de l'action et il y a là un ordre qui ne peut être renversé : « Les plaisirs et les douleurs existent sans les ressorts; mais pas *vice versa* » [TSA, 11, A. 69]. Il nous faut désormais comprendre comment cette abstraction, qui transforme des réalités adjectives en substantifs, peut prendre consistance par les mathématiques. Préalablement à cela, il faut nous arrêter sur la relation spécifique que les entités psychologiques (et particulièrement affectives) entretiennent avec le langage.

Affectivité et langage

Hume avait tâché de ramener toutes les passions qu'il analysait à une structure de nature linguistique ; mais il avait toujours en même temps souligné deux choses dont Bentham se démarquera radicalement. La *première* est que la passion est essentiellement sentie et que, par conséquent, le structural et l'associatif n'épuisent pas le passionnel, en particulier le ton ou la saveur qu'il a ; la *seconde* est que ce sont les langues qui reposent dans l'élément affectif ou senti et non pas l'inverse : Hume en donne pour preuve que les langues, en dépit de leur diversité, structurent ce dont elles parlent à peu près de la même façon et qu'elles sont traduisibles les unes dans les autres [Hume 2007, I, I, IV]. Sur ces deux points, Bentham prend le contre-pied de Hume et il en tire des conséquences essentielles.

D'abord, le senti des passions, leur « *tune* », n'est pas leur essence : l'élément structurel et associatif est devenu l'essentiel ; et ce qui est senti n'est pas plus consistant que le signifié des mots. Ce que nous appelons *passion* est constitué par une structure signifiante ; cette structure signifiante est assez étroitement conçue comme linguistique puisque Bentham, lorsqu'il conçoit les tables des *Springs of action* principalement en anglais n'oublie pas de signaler qu'elles auraient été tout autres en d'autres langues et que la traduction de ses tables en d'autres langues serait souhaitable, pour montrer précisément que l'identité des affects et celle de leur système, loin d'être autonomes par rapport aux langues, leur sont radicalement liées dans leur contingence et leur diversité [TSA, 88, A. 6]. Il avait été précédé, dans ce type d'analyse, par A. Smith qui avait posé que la connaissance des affects et de leur structure dans une société donnée à un moment de son développement se puisait dans ses codes de lois ; autre type de signifiants.

C'est *le second point de rupture* de Bentham avec Hume : la traduction a pour fonction, non pas de conduire à du même, mais au contraire de rendre conscient du différent. Les affects ne sont pas structurés dans une langue comme ils le sont dans une autre. Bentham ne se fait sans doute pas ici une idée assez générale de ce qui peut servir de signifiant ; toutefois, s'il met peut-être trop l'accent sur les diverses langues vernaculaires au fondement des processus affectifs, il ne les laisse pas sans modification dans leur état et il les transforme de telle sorte que, la pathologie devenant une mathématique [O, 172-173], les discours des passions rendent possibles des calculs. La réduction de tous les actes psychiques, qu'ils soient perceptifs ou affectifs, à des fonctions de plaisirs et de douleurs par l'intermédiaire des langues n'a pas d'autre but : rendre possibles des calculs. C'est ainsi que l'universalité des motivations, des intérêts, des désirs, perdue par la diversité des langues, est retrouvée par les mathématiques. Le but est double.

Le calcul des plaisirs et des douleurs dans son acception mathématique

La mathématique benthamienne est une technique de réduction de données sensibles qui pourraient apparaître hétérogènes et incommensurables à des éléments calculables. La spéculation benthamienne sur ce point est que, en ramenant toutes les passions et autres perceptions au plaisir et à la douleur, les commensurabilités s'effectueront plus facilement. Ce qui n'a rien d'évident et prête le flanc aux critiques dont Bergson se fera le héraut : tel plaisir présent peut bien être ressenti comme plus fort ou plus faible qu'un autre plaisir présent, ou qu'un plaisir passé ou futur, mais il ne saurait être réellement mis en balance avec un autre plaisir, passé ou futur, voire avec le « même » plaisir dont on se souvient ou que l'on envisage comme à venir ; le plaisir éprouvé par tel individu à tel moment, n'est pas le plaisir éprouvé par un autre [Bergson 1959, 8, 28, 106]. Et, bien entendu, il en va de même pour les déplaisirs et pour les douleurs. On ne saurait ajouter un plaisir à un autre pour en faire un plaisir plus grand, que ce soit deux fois ou dans n'importe quelle autre proportion que ce soit. N'est-ce pas le projet même de cette commensurabilité qui est absurde ? La vérité est que Bentham n'a jamais dit cela ; puisqu'il distingue, lui aussi, des types de plaisirs ; le problème étant de les traduire dans l'un d'eux qui permette le plus facilement d'évaluer ce qui est à faire socialement, c'est-à-dire juridiquement, politiquement, économiquement, quand on ambitionne d'être utile. Bentham, dans la *Codification Proposal*, le pose ainsi : « Pour montrer comment on pourrait estimer la baisse de valeur d'un plaisir en raison de son éloignement et de son incertitude, il est devenu nécessaire de substituer à ce plaisir lui-même quelque objet extérieur dont on sait par expérience qu'il compte parmi ses sources ou, si l'on préfère, ses causes, par exemple : l'*argent* » [B, IV, 540-541 ; Halévy 1995, vol. I, 300-309]. Car si personne ne dira jamais que le souvenir lointain d'un plaisir équivaut à un plaisir immédiatement senti, on ne dira pas non plus que le projet d'un plaisir ou d'une douleur se caractérise par la seule altérité (qualitative) par rapport au plaisir ou à la peine que je me donne à présent : on peut faire une place à des quantités différenciées ; mais comment ?

C'est là où nous rejoignons *le second but de la réduction benthamienne* : trouver les fonctions qui permettent la mise en rapport des peines et des plaisirs pour toute action qui se présente dans le champ éthique, qu'il concerne un individu ou une collectivité. Il faut bien dire que, sur ce point, Bentham, comme la plupart des auteurs de son temps, a sacrifié, en psychologie ou en éthique, à l'utopie infinitésimale ou intégrale qui fut celle d'un Leibniz pour sommer les petites perceptions ; sans que jamais l'appel au calcul n'ait dépassé le niveau du vœu pieux ou d'une simple rhétorique incapable de montrer les calculs qu'elle traite pourtant comme s'ils avaient été faits ou, du moins, comme s'ils étaient faisables. Cette voie est sans issue et, quand il voudra sauver le caractère calculatoire de l'utilitarisme, G. Moore se tournera vers un tout autre modèle, qui exprimera le caractère plus ordinal que cardinal de la grandeur des plaisirs ; ce qui ne constitue d'ailleurs pas un grand handicap pour les mathématiciens qui savent retranscrire, au besoin, les considérations ordinales en quantités cardinales.

La plus belle avancée benthamienne sur le terrain des esquisses mathématiques se trouve dans la recherche ininterrompue des *Pannomial Fragments* que nous avons vue au chapitre précédent et qui consiste moins dans la symbolique du calcul infinitésimal que dans une façon de la lire. Si la symbolique des sommes d'argent se laisse bien lire en S, ΔS, $\Delta S/S$, la lecture « affective » du rapport $\Delta S/S$ l'infléchit en $\Delta S/(S + \Delta S)$ ou en $\Delta S/(S - \Delta S)$, selon que le surplus de valeur est gagné ou perdu ; ce qui fait immédiatement apparaître que le plaisir de ce qu'on gagne est toujours de degré inférieur à la douleur de perdre la même valeur. Cette lecture est probablement inspirée de Maupertuis [Maupertuis 1974, p. 171-252] dont Bentham admire jusqu'aux errances qu'il commet en mathématicien [http://transcribe-bentham.ucl.ac.uk/td/JB/096/128/001]; mais elle en extrait tout autre chose : que le même texte peut se lire économiquement et affectivement; Bentham montre comment la question économique et politique des impôts ou celle de l'immigration doivent être lues sans oublier les éléments affectifs. Il n'imagine certainement pas avoir trouvé les mathématiques susceptibles de faire les calculs qui seraient requis pour écrire les meilleures lois et fonder les meilleures politiques. Mais, quoique les meilleurs mathèmes ne soient pas encore découverts, Bentham n'en conserve pas moins intacte l'exigence de les forger, c'est-à-dire : de fabriquer, fût-ce en les forçant, les commensurabilités nécessaires aux constructions sociales. Il ne tient pas le réel comme quelque chose qui devrait être représenté par des moyens géométriques; son passage aux séries de l'algèbre brise avec la géométrie et rompt avec l'exigence de représenter, de mimer, de ressembler. Il ne tient pas non plus le réel comme ce en quoi il faudrait installer, tant bien que mal, les actions, mais comme ce qu'il s'agit de construire en s'en donnant les moyens; c'est en cela que le projet benthamien se trouve en affinité avec les mathématiques. De la déontologie à l'ontologie, la conséquence est bonne; mais pas l'inverse.

On aurait tort de croire que Bentham attend des mathématiques un instrument qui s'*appliquerait* directement aux plaisirs et aux douleurs; certes, l'expression peut lui échapper çà et là, mais ce n'est pas le fond de la doctrine. Bentham sait pertinemment que les règles censées mesurer les quantités de plaisirs et de peines ainsi que leurs déplacements ne concernent pas les choses mêmes mais notre intention d'agir sur elles; ce qui est tout différent ; il serait absolument faux de passer des règles obtenues sur les sommes d'argent et leurs mouvements représentant les peines et les plaisirs comme donnant approximativement l'idée de ce qui se passe pour les peines et les plaisirs eux-mêmes ; Bentham insiste sur l'impossibilité de passer des unes à l'autre et il dénonce toute identification simpliste. Mais elle n'est pas le but, car il n'est pas sûr que les plaisirs et les douleurs existent autrement que de façon fantasmatique. Le calcul n'a pas de vérité ontologique : c'est une pratique du social. De même que les lois dites *de la nature* sont en réalité les lois de la pratique du physicien, les prétendues lois du psychisme et de l'affectivité sont les lois de l'usage du politique, qu'il soit législateur ou gouvernant, qu'il soit actif ou en position de déontologue ou de nomologue.

Conclusion : Les contradictions qui nous sont apparues d'emblée ne sont pas insolubles

Nous avons, au chapitre du plaisir et de la douleur, un bon exemple du fonctionnement de la théorie des fictions qui permet de comprendre les variations d'appréciation des plaisirs comme réels ou fictifs. Je ne parle pas de variations de définition, car loin de croire qu'il puisse y avoir quelque définition du plaisir, il ne donne guère lieu qu'à des *paraphrases*, pour reprendre le terme benthamien. Je souligne que la volonté de calculer, voire de quantifier, les plaisirs et les peines requiert de les substantiver et de les traiter uniment comme réels ; il est non moins clair que la volonté d'attaquer la religion implique que l'on conserve au plaisir son caractère de réflexion par rapport aux perceptions, son statut de *perception intéressante*, qui le fait glisser du côté de l'adjectif. Dans ce dernier cas, la réflexion est raffinement et civilisation, secondarité en tout cas ; mais cette secondarité peut aussi se porter sur les peines et les déplaisirs, si bien que la religion peut apparaître comme une culture de la souffrance et une volonté généralisée de dénigrer les plaisirs ; visage qu'elle n'aurait pu se donner si le plaisir avait été considéré d'entrée de jeu comme un élément de balance. Il s'agit de dénoncer dans l'*Influence* une culture de mort et de souffrance incommensurable avec ce que les calculs permettent d'avancer au sein des sociétés pour autant qu'elles se civilisent. La religion apparaît alors comme ce qui, dans l'avancée téméraire, chimérique, fragile, conquérante des plaisirs qui émancipent des besoins viscéraux, les remonte en sens inverse, comme ce qui se souvient du socle d'où est partie l'émancipation par rapport à la souffrance. La pathologie religieuse serait alors l'envers de nos actions.

Le lieu n'est pas de montrer si cette thèse n'est pas contradictoire avec le reste des positions utilitaristes ; car qu'en est-il de la tendance au plaisir s'il y a quelque nécessité de la religion, une nécessité naturelle, comme la qualifiait Hume ? Ou comment penser la généralité de la religion, comme ascétisme et culture du déplaisir, si l'on maintient que le plaisir est une tendance et une quête générales ? Il nous importait de montrer par quel biais la théorie des fictions permettait, sans incohérence, le double langage que nous avons constaté sur le plaisir.

Le domaine religieux n'est d'ailleurs pas le seul où ce double langage a lieu : il semble que cette double acception du plaisir dans les propositions de départ se lise aussi dans le domaine juridique où, par la distinction – bien connue des juristes – des *lois substantives* et des *lois adjectives*, on croit voir transparaître les plaisirs et les douleurs dans leur caractère de pathèmes, voire de mathèmes, et la conservation à travers eux de ce qui est *adjectif* dans les perceptions, autrement dit : de l'*intéressant* des perceptions. Essayons de vérifier ce dernier point, avant de regarder plus généralement ce qu'il en est des lois chez Bentham.

En de multiples endroits de son œuvre et particulièrement quand il introduit la notion de *procédure* ou de *droit procédural*, Bentham distingue les lois qui paraissent décrire directement ce qu'on a le droit ou ce qu'il est interdit de faire de celles qui définissent ou déterminent les moyens techniques de mettre en œuvre les premières et qui relèvent de ce que les juristes appellent droit procédural ou droit processuel [B, VI, 7, 205 ; B, IX, 25]. Bentham souligne qu'il semble logique que le droit soit d'abord installé dans des relations réelles pour que la procédure puisse prendre son sens ; et il invoque les mathématiques pour donner forme et droit à cette opinion [B, II, 15] ; pourtant, il fait apparaître aussi, à l'inverse, que le droit procédural soit le droit le plus fondamental et donne son sens à l'autre. C'est alors que l'on voit combien cette relation apagogique des deux modalités du droit exprime la relation apagogique des deux conceptions du plaisir. Certes, à tenir le plaisir comme un élément dans une construction, on paraît le considérer comme plus réel que lorsqu'il est pris pour la réflexion d'une perception ; mais il faut réfléchir à ceci, qu'avait déjà noté Berkeley et que Bentham reprend à son compte : le discours permet de réaliser une radicale inversion par rapport à ce que nous sentons de l'existence, car il fait comme si nous avions réellement affaire à des substances qualifiées par des adjectifs alors que ce sont les adjectifs qui précèdent les substances et à partir desquels nous construisons les noms [B, VIII, 347-8]. Que l'on considère maintenant ce qui se passe en droit et l'on découvrira la légitimité de cette distinction ; sans doute le *droit adjectif* paraît laisser les choses en creux, mais, quand on y réfléchit, c'est bien lui qui est le plus réel, le *droit substantif* n'étant que son apparente substantification [B, II, 15].

On voit ici que, si elle n'est pas au-delà de toute équivoque et si elle déclenche un certain nombre d'ambiguïtés, la double définition du plaisir chez Bentham est loin d'être une inadvertance, quelque scorie de l'œuvre, mais elle joue un rôle tout à fait central dans la compréhension même du système juridique de Bentham, dont personne ne pourra dire qu'il est un aspect secondaire de l'œuvre.

Les économistes ont abandonné, en rase campagne si l'on ose dire, les plaisirs et les douleurs, pour un calcul des *préférences*, par exemple, sans s'expliquer jamais sur ces abandons et ces choix. Peut-être, après tout, faut-il conserver les plaisirs et les douleurs, en dépit de leur ambiguïté, si elle peut être levée ou suffisamment travaillée ; mais il faut alors que les calculs n'en restent pas au niveau du slogan ou de la propédeutique mathématique mais deviennent un authentique travail. Ce travail effectué, on apercevra peut-être la raison profonde qui fait que, à la fois, on rend si bien compte de ce qu'on appelle les plaisirs par les mathématiques et que les mathématiques puissent être la matrice des arts – « la véritable mère des arts », c'est-à-dire des techniques – et de tous les délices de la vie, comme l'avait déjà établi Hobbes [Hobbes 1839, p. 75].

L'ANTICONTRACTUALISME ET LA DÉFINITION DE LA LOI.
DÉONTOLOGIE ET NOMOGRAPHIE

Dès le *Fragment sur le gouvernement*, Bentham écarte le modèle politique d'un contrat social, dont les lois seraient quasi déductibles de son système imaginaire de sujets pensants et voulants qui entrent en relation de telle sorte qu'ils garantissent leur liberté par l'égalité et l'égalité par la liberté. Cette conception de la loi marche sur la tête : elle entend préconiser une *volonté générale* qui ne coïncide en aucune façon avec l'amalgame des volontés singulières qui ne tiennent aucun compte du dessein des autres ; or nous ne disposons jamais que de la *volonté de tous* dont il s'agit pourtant d'extraire la volonté générale laquelle se donne comme un fondement *a priori* alors qu'elle ne saurait jamais être qu'un résultat. La volonté générale n'a rien de substantiel : elle ne peut être qu'à construire, si tant est même que cela ait un sens de se le proposer. L'illusion rousseauiste de la loi est de croire qu'elle puisse dériver de la volonté générale alors que c'est précisément de l'écriture des lois qu'il faut partir pour construire, si par ce chemin quelque commensurabilité est possible, une coexistence des volontés qui reste constamment, durablement, un travail problématique. L'acmé de ces attitudes est atteint par les contractualistes qui ne peuvent masquer les désaccords entre les citoyens mais imaginent pouvoir les compenser en supposant, derrière un premier contrat qui ne les efface pas, un second accord censé, lui, les effacer en ce que, à l'unanimité, nous supposerions que la règle majoritaire en est une qui annule les différences et fait que ma véritable volonté est la volonté générale quand bien même je serais en désaccord avec elle. Il semble que

Rousseau commence par la fin ; il fait comme les vieux analystes en mathématiques qui considèrent le problème résolu et croient pouvoir déduire la solution ainsi.

Or le problème est plutôt inverse : il consiste moins à déduire la loi de la volonté générale qu'à tenter de définir des lois, de les ajuster aux besoins des hommes et de les articuler sans les déduire. Le droit est enfant de la loi, et non pas la loi fille du droit [CDH, 17]. Mais si les lois ne peuvent plus avoir la forme et la matière que leur attribuent Rousseau et les contractualistes, qui paraissent détenir le principe idéologique de la démocratie, quelle forme et quelle matière est-il possible de leur donner pour que les centres de pensée, de calcul et de décision puissent coexister régulièrement en prenant en compte les complexités circonstancielles de leur coexistence et leur variabilité ?

La définition benthamienne de la loi

Le modèle de loi qui nous paraît le mieux adapté pour résoudre ce problème pourrait bien se trouver en partie dans la définition que l'on trouve chez Bentham dans les premières lignes d'*Of Laws in general* : « Une loi peut être définie comme un assemblage de signes déclaratifs d'une volonté <*volition*> conçue ou adoptée par le *souverain* <*sovereign*> dans un État, concernant la conduite <*conduct*> à observer dans tel *cas* par telle personne ou classe de personnes qui sont (ou sont supposées être) assujetties à son pouvoir <*power*> dans le cas en question : une telle volition comptant pour son accomplissement <*trusting for its accomplishment*> sur l'espérance <*expectation*> de certains événements dont il a l'intention qu'ils se produisent à la suite de cette déclaration, ainsi que sur le désir que la perspective de ces événements agisse comme motif sur ceux dont il s'agit d'influencer la conduite » [LG, 1 ; B, III, 233].

Chaque loi est un texte qui constitue, au moins un temps, une majorité d'adhésions et qui risque de disparaître quand elle la perd. Ainsi les brigues, tellement craintes par Rousseau (*Du Contrat Social*, livre II, chap. 3), ne sont pas forcément nocives : loin d'être des obstacles à l'expression politique, elles en sont – comme l'a vu Montesquieu (*L'Esprit des Lois*, livre II, chap. III) – d'indispensables constituants, surtout en démocratie. Le système du droit, dont chaque loi doit se trouver en intersection avec d'autres lois, est une sorte de construction de lois provisoirement majoritaires ou supposées telles. L'articulation des lois devient un problème qui doit être résolu, jamais définitivement d'ailleurs car les lois changent ; la conception utilitariste de la loi ne requiert pas aussi crucialement que chez Rousseau, un principe d'unité qui la conditionne radicalement : elle admet son caractère casuiste, relativement circonstanciel et contingent, alors que sa conception est strictement formelle chez Rousseau.

Nous ne pouvons manquer d'être frappés par l'extrême prudence idéologique de cette définition, qui permet à l'auteur d'ouvrir des champs de recherche dans de multiples directions. Sans être la volonté du souverain, mais en étant plutôt ce que le souverain conçoit et considère comme sa volonté, la loi est comprise comme un texte qui peut avoir une influence sur la conduite d'une personne, de certaines d'entre elles ou de toutes. Toutes les lois ne concernent pas toujours tout le monde de la même façon et la question est de savoir comment les textes de ces lois permettent, un par un, d'inciter à agir ou d'empêcher d'agir les personnes qu'ils concernent.

On ne dit pas non plus que les personnes concernées par tel texte de loi auront ou devront avoir une attitude identique, puisqu'elle peut aller de l'adhésion totale au refus le plus obstiné. Bien entendu, il faut que ces refus, dans toutes leurs gradations, n'empêchent pas une majorité d'adhésions, variées elles aussi, de l'emporter, faute de quoi on ne donnerait pas cher de la loi. Ceux qui exercent la souveraineté espèrent que la balance se fasse comme ils l'attendent, mais ils savent bien que chaque loi produit une certaine intégration d'intérêts subjectifs, réels ou supputés, obtenus par l'adoption, la neutralité ou le refus de celui qui est censé lui être soumis. Ce n'est certes pas que la loi soit sous la dépendance de la volition particulière de chaque sujet; mais son objectivité s'apparente à celle qu'on trouve à l'œuvre, dès cette époque, dans les traités mathématiques de probabilités subjectives (comme l'*Essai* que Bayes écrit en 1763), lesquels, tout en étant aussi « objectifs » que les autres, certes, font porter cette objectivité sur une considération de desiderata subjectifs. Quand on aura ajouté à ce travail des probabilistes la critique de la subjectivité, entreprise par les philosophes, depuis Hobbes et Hume, on mesurera l'effort qui a été fait par Bentham pour ôter la gaine d'idéologie dans laquelle s'enveloppe la notion de *loi* chez la plupart de ses prédécesseurs. L'opposition de la *légalité* et de la *légitimité* ne peut plus rester dans sa structure antinomique ordinaire.

Il nous faut voir comment Bentham traite les termes de cette antinomie de la *légalité*, qui répugne à être jugée par une instance se posant d'emblée comme lui étant supérieure, mais qui, aussi, dans sa prétention à défendre le réel, est rétive à l'idée de tout changement dont on voudrait affecter la loi, et de la *légitimité* qui, en dépit de ses apparences morales de bon fondement et de droite raison, risquerait – si on la laissait faire – de démanteler le droit et de mettre les hommes et les citoyens dans une situation pire que celle qu'elle dénonce.

Il n'est pas dit et il n'est pas requis que la majorité qui adhère à chaque loi soit toujours la même ; elle varie d'une loi à l'autre, laissant toujours en « restes » des minorités – mais pas toujours les mêmes –; c'est ainsi que ce jeu majoritaire s'accommode d'une certaine conception de la démocratie. « La seule espèce de gouvernement qui a ou peut avoir pour objet et effet le plus grand bonheur pour le plus grand nombre, c'est la démocratie » [B, IX, 47]. Mais ce grand nombre n'implique ni qu'il soit constitué d'êtres nettement individualisés, ni que ce soit les mêmes qui adhèrent à chaque loi de la même façon, ni enfin ce que Bentham appelle la pureté. Après avoir énuméré les attributs d'une pure démocratie, dans laquelle « tout est régularité, tranquillité, prospérité, sécurité, sécurité permanente, et, avec cela, même si elle est répartie selon une égalité pratique, opulence », – il aurait pu ajouter la liberté et l'égalité juridique, et parfois économique, qui sont au cœur du contractualisme –, Bentham ajoute : « Quant à nous, nous nous passons de pureté » ; « nous n'avons pas besoin de pure démocratie ou de quoi que ce soit de ce genre : ce dont nous avons besoin, c'est, sous les formes existantes de sujétion, de l'ascendant – de l'ascendant virtuel et effectif – de l'intérêt démocratique : c'est tout ce dont nous avons absolument besoin ; nous devrions nous en contenter ; au-dessous de ce seuil [toutefois], il est vain de parler de contentement ; car il n'y a point de salut sans cela » [B, III, 447].

Certes, cette conception de la démocratie et de la loi, à laquelle Bentham est parvenu par son utilitarisme, et qu'il ne possédait pas au départ où il se trouve plutôt sur des positions humiennes, ne résout pas non plus tous les problèmes. La question des minorités reste en suspens dans la formule, réaliste mais dangereuse, de l'utilitarisme : comment les minorités sont-elles respectées et protégées ? Par quels processus se débarrasse-t-on de lois qui ne conviennent plus au groupe politique et qui sont rejetées par la sélection progressive des lois puisqu'elles sont toujours temporelles et provisoires ?

Dira-t-on que la définition benthamienne dissimule un contrat comme le contrat maquille les conflits en unanimité ? Certainement pas car la Souveraineté qui compte sur la loyauté et la confiance d'une majorité pour telle loi est moins de nature contractualiste, comme chez Hobbes, Locke et Rousseau, qu'elle ne tient à l'habitude d'obéir, comme chez Filmer et Hume.

La déontologie

Il faut bien reconnaître que la *Déontologie* s'installe dans un singulier paradoxe puisque son auteur nous dit, d'une part, qu'il faut bannir le *deon*, le *devoir*, de l'éthique [Dvf, 31 ; D, 253], alors que ce même auteur forge lui-même, en toute conscience, le terme de *déontologie* dont il tire parti de l'étymologie et dont il n'ignore pas le pouvoir d'égarer le lecteur [Dvf, 33]. Nombreuses sont les morales, qu'elles précèdent la *Deontology* benthamienne ou qu'elles en soient contemporaines, qui opposent le *plaisir* au *devoir* et qui donnent au devoir, en une tournure austère et ascétique, un impérieux primat moral. Or, quand bien même personne ne saurait définir le bonheur et la somme de plaisirs qu'il comprend, dans la mesure où bonheur et plaisirs sont individuels ou –

pour le dire autrement – désignent un sujet que chaque configuration rend singulier [D, 209], la tâche de la déontologie est de rendre possible voire de fabriquer le maximum de bonheur et de plaisirs avec ce qui, par principe, échappe à toute définition [Dvf, 29, 49, 55, 311-312]. Loin d'être un adversaire du plaisir, le devoir qui, toujours, doit céder le pas à l'intérêt [Dvf, 17, 18 ; D, 174-175], consiste à repérer, trier, classer – autant que faire se peut, car « le Linné de la morale est encore à venir » [Dvf, 147 ; D, 219] –, organiser et calculer les situations, quelles qu'elles soient, de telle sorte qu'elles produisent le maximum de plaisir [Dvf, 26]. Sous le titre général de *Déontologie*, le classement des plaisirs et des douleurs a pris la forme de *Table des ressorts de l'action*. Quant à l'organisation, Bentham la désigne et l'esquisse de plusieurs façons : il parle parfois d'une *économie des plaisirs et des douleurs* [Dvf, 33, 139, 241, 254] ou d'une *négociation des affects* [Dvf, 347], puisque chaque agent doit faire l'échange d'un certain nombre de déplaisirs contre les plaisirs qu'il veut atteindre et dont il est le seul juge de la valeur [Dvf, 137-138 ; D, 148-150, 192, 196, 250], pourvu qu'il ne déclenche pas autour de lui plus de déplaisirs que de plaisirs. La limitation des plaisirs n'intervient donc que pour rendre ce plaisir vivable par l'ensemble de la société qui n'a pas le droit de le refuser s'il n'est pas prouvé – ou tant qu'il n'est pas prouvé – qu'il apporte, au bout du compte, plus de déplaisir que de plaisir ; la charge de la preuve revenant à celui qui veut contrer ce plaisir. La déontologie est donc l'art ou la science de donner à tout plaisir une direction telle qu'il produise d'autres plaisirs. Outre la forme de l'*économie*, dont il faut se garder de prendre le terme comme une image, mais qui est un véritable concept, ce qui s'échange sur un marché n'étant jamais que des plaisirs contre des douleurs, ou des plaisirs contre d'autres plaisirs, l'organisation des plaisirs revêt aussi la forme de *calculs*. N'entrant pas souvent dans le détail de ces calculs, Bentham se contente d'indiquer que le calcul des plaisirs est fondamentalement un calcul de probabilité qui consiste à sacrifier des plaisirs présents pour en espérer de plus grands par la suite [Dvf, 30 ; D, 151, 187]. Dans cette direction, le calcul des plaisirs est une rationalisation des prévisions [Dvf, 193-194, 321] ; il est tourné vers les conséquences de ce qui est présentement fait [Dvf, 284, 322], nullement vers un prétendu devoir qui existerait en soi et qui se ferait dogmatiquement la mesure des intentions. Il n'y a, entre cette perspective de calcul et celle de l'économie affective, nulle contradiction [D, 188] ; car on peut très bien calculer sur des valeurs qu'il est difficile d'identifier ou qui ne se conçoivent qu'apagogiquement [D, 26, 36] comme c'est le cas des probabilités. En dehors des probabilités, qui constituent le cœur du calcul [D, 96], Bentham parle encore d'une arithmétique des plaisirs, qu'il oppose volontiers à la géométrie du droit [D, 246] ; le calcul du bonheur s'apparente, pour les agents du plaisir – individus ou groupes –, à un livre de compte qui pèse les dépenses et les recettes, recueille ce que Bentham appelle le « net » [D, 130] – c'est-à-dire la différence des unes et des autres – et qui permet de surveiller leur équilibre [D, 114, 139]. Ainsi, la vertu n'est pas autre chose qu'un bon calcul, qui assure plus de plaisir que de déplaisir, à condition, bien sûr, que la loi soit bien faite et canalise correctement les plaisirs au profit du plus grand nombre, conformément au principe d'utilité ; le vice n'étant lui-même pas autre chose qu'une faute de calcul [Dvf, 18, 96] dont une législation malhabile et inadéquate risque d'être la véritable cause, comme nous l'expliquera l'*Introduction aux Principes de la Morale et de la Législation.*

La place de l'éthique

Notre dernière remarque donne l'occasion de cette précision : la déontologie n'est pas seulement le système des lois et le savoir de ce qui fait que nous nous soumettons − ou non − aux lois [Dvf, 33, 95 ; D, 249]. Il existe, en dehors des lois qui s'adressent à tous, un immense ensemble indéfini de règles qui régissent les plaisirs et les douleurs de telle sorte qu'aucun juge ni aucun tribunal pénal ne puisse vous poursuivre si vous les transgressez [Dvf, 29, 238] ; du moins aucun juge ni aucun tribunal hors de ceux de l'opinion publique, qui peuvent bien vous condamner dans certaines circonstances, mais qui ne peuvent pas vous faire payer cette condamnation par quelque châtiment légal. Il existe du normatif qui, sans être pour autant du légal, relève de la *déontologie* ; dans le livre qui porte ce dernier nom, − Bentham y revient plusieurs fois − il ne s'agit d'ailleurs que de ces lois qu'il qualifie de « fictives » de la déontologie privée [Dvf, 237-8 ; D, 249] et qu'il distingue des lois « réelles » de la législation d'État, qui seules sont coercitives [Dvf, 126, 190, 205, 276] et qui se caractérisent ainsi par rapport aux autres normes, lesquelles ne sont pas moins efficaces, mais dont l'efficacité est de second ordre − si l'on peut dire − puisqu'elles dépendent des lois étatiques. Dans cette sphère du déontologique non-législatif, on peut utiliser la menace des sanctions religieuses [Dvf, 79], si elles sont encore craintes ; utilisation qui n'est pas possible sans danger dans la sphère du droit lequel, s'il y recourt pour donner l'illusion de se renforcer, avoue en réalité dangereusement sa faiblesse, précipite l'affaiblissement de l'État et, si les circonstances s'y prêtent, favorise la guerre civile. Il est possible aussi, dans cette sphère des intérêts privés de la déontologie, de faire ce qu'on ne demande jamais au droit : de se mettre ou de prétendre se mettre à la place d'autrui pour le juger, comme le recommande la fameuse règle d'or du christianisme [Dvf, 310, 358] ou plutôt de prétendre s'y mettre, car la sympathie nous rend victimes d'illusions [Dvf, 125-6 ; D, 204]. Dans un procès, le juge – à l'encontre de l'avocat dont il peut paraître que c'est le travail d'accompagner le client – ne se met pas à la place d'autrui pour caractériser, au bout du compte, la légalité ou l'illégalité d'une action. Le type de normes obtenues de part et d'autre est donc extrêmement différent et il serait dangereux de confondre les unes avec les autres.

Et pourtant, si distinctes soient-elles, les normes qui ne sont pas des lois ne sont certainement pas dépourvues d'articulations avec celles qui sont des lois ; et c'est là qu'apparaît la fonction du *déontologue*. En effet, on voit, sur ce point, Bentham assumer l'un des mouvements les plus risqués en droit – ce dont le défenseur qu'il est de la sécurité n'est pas très coutumier – : étant donné qu'il est impossible de définir *plaisir* et *douleur*, étant donné qu'il faut laisser chacun déterminer ses plaisirs et, quand c'est possible, ses douleurs, il ne faut pas espérer que la loi puisse déterminer avec précision les objets de plaisir et de déplaisir. Elle perdrait tout crédit et toute efficacité si elle le tentait, alors même que le citoyen et le justiciable ne connaissent partout que des objets de plaisir et de douleur qu'ils produisent, échangent, prennent et laissent constamment. La loi, ne pouvant remplir sa fonction substantielle, ne peut alors que déléguer cette fonction à ceux qui, personnes ou groupes, à proximité des intéressés – quitte à encadrer cette délégation de façon plus ou moins serrée – sont susceptibles d'endosser pareille responsabilité. La loi renonce à sa fonction de dire *in concreto* ce qui est légal ou illégal et elle laisse ce que le législateur ne saurait réaliser par ses propres forces à mieux placé que lui. Elle habilite certains à prendre les décisions avec force de loi précisément parce qu'elle est incapable de définir ce qu'il faut faire dans certaines situations. Tel est le lieu du déontologique qui, pour n'être pas, à proprement parler, directement, légal, ne l'en est pas moins *indirectement*. Ainsi, Bentham préconise un mouvement que nous voyons à présent très actif dans les juridictions des démocraties et qui va à l'encontre de celui que nous imaginerions le plus spontanément sous le nom actuel d'*éthique* : nous croyons volontiers que, lorsqu'un point d'éthique fait largement l'unanimité, il est mûr pour entrer dans le droit ; or c'est tout l'inverse que préconise l'auteur de la *Déontologie* quand il pense que les codes juridiques feraient bien de se délester d'un grand nombre de règles inutilement astreignantes et de les laisser à l'appréciation de ceux qui, par leur fonction et ses exigences, sont les mieux à même d'organiser les vies et les situations comme les citoyens l'entendent [Dvf, 267]. Il y a certes là une prise de risque mais, quand on la mesure, on s'aperçoit qu'elle est moins grande que si on laissait la loi prétendument gérer les situations par des abstractions trop larges et parfaitement inadaptées. Il peut être conforme à la loi que le déontologique prime le droit [Dvf, 99] et que le droit, sur tel ou tel point, préfère confier à la déontologie les buts qu'il ne peut atteindre par lui-même [Dvf, 147-8].

Il est une seconde approche du problème, inverse de la précédente, quoiqu'elle ne soit pas contradictoire avec elle : la déontologie peut certes servir d'intermédiaire entre les lois dans leur inévitable généralité et les citoyens qui posent leurs problèmes singuliers ; en ce sens, son style est bien celui de l'action de ces corps intermédiaires dont Montesquieu pensait qu'aucun État ne pouvait se passer (*Esprit des lois*, livre II, chap. IV). Mais la force de la loi chez Bentham n'est pas seulement celle d'un texte abstrait écrit, voté et signé par les autorités compétentes : il faut encore que les citoyens, chacun à sa façon, se l'accaparent et se trouvent majoritairement satisfaits de son existence. Ainsi la relation déontologique peut bien, d'un certain point de vue, passer pour une poche d'exception au sein du système législatif ; elle en est aussi l'expression la plus intime, car il faut bien que la loi soit, d'une certaine façon, l'expression de chacun pour qu'il accepte de s'y soumettre avec une certaine stabilité.

Nous venons de voir en quoi l'utilitarisme était particulièrement désigné pour jouer un rôle dans ces « poches » de déontologie, non seulement tolérées, mais encore voulues par le droit pour que celui-ci exerce procéduralement ses fonctions de façon plus déliée et plus fine que s'il voulait s'y prendre directement et substantiellement. La déontologie est l'ensemble des fonctions indirectes du droit, y compris lorsque – assez contradictoirement avec ce qui vient d'être dit sur la négligence de principe des intentions – il s'agit d'intéresser les citoyens aux lois. Mais quels sont les lieux privilégiés du déontologique et quelles sont les fonctions dans lesquelles il s'exerce de façon manifeste ?

Aux professions médicales près, dont il n'est – sauf exception [D, 242] – pas question de manière centrale sur ce registre, on ne s'étonnera pas de trouver, désignées par Bentham, sensiblement les mêmes professions que de nos jours : « c'est ainsi qu'un ministre, un conseiller légal de la couronne, un membre de l'une des branches de la législature ou même d'une association non officielle, un journaliste, peuvent, chacun dans sa sphère, exercer une puissante influence » [Dvf, 73 ; 28]. De même, c'est selon une répartition de rôles et de professions juridiques − prises pour paradigmes − que Bentham envisage les postures que peut prendre un individu vis-à-vis de l'opinion publique : « À son tribunal, dit-il, il peut jouer le rôle de juge, d'avocat ou de partie » [Dvf, 321] ; et il montre les dangers de quelques-unes de ces postures, en particulier de s'ériger en juge, quand il est judicieux d'en rester à un rôle de conseiller − ce qui est déjà « s'arroger une autorité de sagesse » [Dvf, 365] −, des actions d'autrui, sans en avoir plus de droits que les autres − y compris celui que l'on s'autorise à juger, à réprimander ou à conseiller.

Toutefois Bentham, à la différence de nos contemporains qui n'entendent plus la déontologie qu'à la condition de la faire coïncider avec un certain nombre de métiers, lesquels comportent souvent ce qu'on appelle des « ordres », se garde de scander et de découper la déontologie selon des fonctions professionnelles ; ce qui est probablement trop restrictif. Mais alors, comment s'organise la topique de la déontologie dès lors qu'on lui restitue sa pleine extension ?

Pour comprendre la spécificité de la déontologie, il faut moins partir de la division du travail ou de celle des offices, que de ce que Bentham appelle les « familles », qui constituent des unités évidemment serties par le droit, mais pas entièrement régies par lui, de telle sorte que chaque famille, jusqu'à un certain point, produise ses normes. Sans doute est-ce de façon phallocratique que Bentham énonce que « le chef de famille exerce dans le cercle de la famille une grande puissance, parce que c'est principalement en lui que l'opinion prend sa source ; et [que] c'est de lui que dépendra essentiellement le caractère de l'atmosphère morale où vivra la famille. Il peut établir autour de lui un état de choses dans lequel le bonheur sera recherché avec sagesse, et sera par conséquent presque toujours obtenu ; mais les idées saines établies dans la famille se feront jour au-dehors et au loin, dans toutes les directions où les membres de cette famille pourront se trouver placés. Dès lors qu'une estimation correcte du bien et du mal, des notions saines en morale règneront dans les familles, elles se répandront de là dans la vie civile, puis s'incorporeront à la vie nationale » [Dvf, 320 ; EDI, 79]. Bentham est beaucoup moins critique que Locke à l'adresse de Filmer, qui avait soutenu l'idée d'un passage continu et évident du familial au national [Dvf, 344]. Négligeant la conception « phallocrate » que l'auteur de *Patriarcha* se faisait de la famille, Bentham voit en Filmer un rempart efficace contre les abstractions contractualistes et l'un des meilleurs modes d'expression de l'*identification* et de l'*assimilation* des citoyens au système des lois, lesquelles ne peuvent remplir cette fonction que pour autant et que le temps qu'une majorité y adhère, même pour des raisons différentes. La famille – qui ne fait pas l'objet d'une problématisation suffisante chez les auteurs précités – doit toutefois être entendue en un sens extensif, – on pourrait presque dire « éclaté » –, puisque c'est parce que ses membres sortent de sa sphère et essaient ses valeurs que son schème permet à Bentham de sortir tant des abstractions politiques que des rouages étroitement professionnels pour penser le déontologique.

Mais s'il est une branche du déontologique qui s'enracine nettement dans le familial, il en est une autre qui s'en écarte très sensiblement en constituant la meilleure instance critique du politique et du juridique : c'est le *tribunal de l'opinion publique*, c'est-à-dire l'ensemble des instances qui n'ont, certes, rien d'officiel mais qui n'en fournissent pas moins de sérieux contrepouvoirs, qu'il s'agisse des divers organes de presse ou des multiples tribunes d'où il est possible à tout citoyen – à quelque titre que ce soit – de s'adresser à ses pairs sans que le pouvoir officiel ne puisse l'en empêcher, sinon à ses risques et périls qui peuvent être plus grands que ceux qu'encourt le tribun. Alors que le législateur et la loi s'adressent à tous, *réellement*, le tribunal de l'opinion publique s'adresse à des citoyens *fictifs*, qui se désignent *eux-mêmes* comme auditeurs ou lecteurs, par des normes et des règles également fictives, qui ne régissent pas réellement les vies, alors même qu'elles prétendraient le faire en se substituant au système législatif existant [Dvf, 15].

Ce qui ne veut pas dire que cette normativité qui, donc, est fictive [Dvf, 238], alors que la législation est réelle – autant qu'il est possible –, soit sans importance : « La liberté de la presse, par exemple, met tous les hommes – pas seulement quelques-uns en raison de leurs fonctions juridiques et politiques – en présence du public. La liberté de la presse est le plus puissant levier que possède la sanction morale. Placés sous une telle influence, il serait étrange que les hommes ne devinssent pas de jour en jour plus vertueux » [Dvf, 78 ; aussi 409], pourvu, bien entendu, que la législation soit à la hauteur des ambitions de clarté et de transparence du politique. L'intérêt pour la chose publique passe par la presse et, plus généralement, par ce tribunal de l'opinion publique. Car si « celui qui exprime [son opinion] par voie de presse est un membre influent » de celui-ci, il est des façons plus modestes, mais tout de même *actives* de participer à la confection de l'opinion publique : « Chacun des individus de la communauté peut être membre du tribunal public. Tout homme qui exprime soit par des paroles, soit par des notions, son appréciation de la conduite des autres, est un membre actif de ce tribunal » [Dvf, 121 ; D, 225]. Ce tribunal ne fait certainement pas directement la légalité, mais il contribue à la faire et « c'est, à coup sûr, lui qui adjuge la bonne renommée et l'estime générale » [Dvf, 150]. Non sans que celui qui se pose en dénonciateur du mérite d'un autre ne prenne le risque d'être considéré à son tour comme mû par des motifs peu honorables, comme la jalousie ou la convoitise [Dvf, 150].

Ainsi l'avantage de l'existence d'un tribunal de l'opinion publique est de rendre la plus fine possible, entre le légal et l'illégal, une distinction que la loi seule – forcément trop générale – ne permettrait pas d'obtenir sans ce détour déontologique, par lequel elle paraît se dessaisir de sa force, alors qu'elle tire par là le maximum de profit. Donc, loin de rester figées dans une abstraction inamovible, les lignes qui séparent le légal de l'illégal ne sont pas le seul fait de la loi et, du coup, le *déontologique* – celui qui n'est pas la loi – n'est pas sans avoir un effet juridique réel, précisément par la finesse individuelle, casuelle, accidentelle, des interventions qu'il peut se permettre et que la loi ne pourrait mettre en œuvre. Bentham pense qu'il est excellent pour le respect de la loi même que la loi se dessaisisse de questions nombreuses en laissant le tribunal de l'opinion publique s'en occuper [Dvf, 29].

Une chose est sûre : la déontologie est une chose trop essentielle pour être laissée, parmi les individus qui l'exercent, c'est-à-dire, à un titre ou à un autre, parmi tous ceux qui font partie d'une communauté [Dvf, 344 ; voir aussi : 225, 231], aux seuls professeurs de vertu qui, du haut de leur chaire de morale, voudraient définir les devoirs indépendamment de tout plaisir, de tout bonheur, de toute situation concrète, et instaurer une « dictature morale » [Dvf, 31 ; voir aussi : 35]. Le tribunal de l'opinion rend probablement un meilleur verdict que ces prétendus spécialistes fustigés par la *Déontologie* ; mais si poreuse que soit la ligne de démarcation entre ce que la déontologie appelle *juste* et ce que le droit appelle de même, il faut prendre garde à ce que le droit soit toujours capable de prendre et garder le rang supérieur qu'il doit avoir sur les considérations déontologiques et, par exemple, de défendre l'honneur et la renommée d'un homme injustement attaqué pour de fausses raisons ou des raisons insuffisantes ; mais aussi de poursuivre un habile qui saurait se servir de l'opinion publique pour couvrir ses exactions et recouvrer injustement un honneur compromis par elles [Dvf, 72].

Déontologie et nomographie

Si proche la déontologie soit-elle par bien des côtés de la nomographie, et si proche donc que soit le travail du déontologue de celui du nomographe, lesquels ne requièrent, ni l'un ni l'autre, la supposition d'un contrat ou quelque connaissance d'une idée du juste ou du bien, il est pourtant des différences importantes entre la nomographie et la déontologie. Tout simplement parce que, autant la déontologie accepte une pluralité indéfinie de déontologues, autant la nomographie ne peut souffrir pareille pluralité. Certes, de part et d'autre, les normes et les lois ne tombent pas du ciel : il faut les créer sans être particulièrement aidé par quelque intuition qui éclairerait la situation. Bentham met en garde contre la différence qui existe entre le désir d'une loi et son écriture [CDH, 34] : même celui qui a charge de législation n'est pas forcément le mieux placé pour l'écrire. Et c'est là où réside la divergence de la *déontologie* dans son rapport aux *déontologues* avec la nomographie dans son rapport aux *nomographes* ou aux *rédacteurs* – Bentham les appelle modestement ainsi plutôt que *nomographes*, comme s'il avait quelque répulsion à parler de *nomographe*, alors même que le mot vient si naturellement sous la plume dès lors que l'on s'est avancé à parler de *nomographie*, terme qui, à très peu d'exceptions près, ne s'est guère fixé, après Bentham, dans le sens qu'il lui avait donné. *D'abord*, la déontologie ne requiert pas ou ne requiert que rarement l'écriture des règles qu'elle promeut ; alors que les lois, pour être telles et ne pas rester imaginaires, doivent nécessairement être écrites [B, VI, 529 ; III, 206] : c'est bien l'un des sens de la lutte de Bentham contre le système de *common law* d'exiger cette écriture. *Ensuite*, s'il n'est pas nécessaire que le déontologue s'efface dans son œuvre de déontologie, s'il est même souvent inévitable et préférable qu'il la signe, il est absolument essentiel à l'écriture d'une loi que celui qui la rédige s'efface de sa rédaction : toute trace de l'auteur dans son expression nuirait à l'efficacité et à l'autorité de la loi, qui n'existe pas sans que les légiférés ne s'en emparent.

Sans doute le droit peut-il être discuté, à tel point qu'il peut être changé quand le besoin s'en fait sentir, mais il ne saurait être rédigé de telle sorte que ses articles fassent délibérément discussion et qu'on puisse – à cause de l'équivocité qui leur serait laissée – s'interroger sur leur sens, leur objectif, les personnes visées ; la déontologie permet, de ce point de vue, plus de souplesse. *Enfin*, si le déontologue – au grand dam de Bentham, qui paraît déplorer le fait, mais qui est bien obligé d'en constater la nécessité – ne s'autorise que de lui-même pour contester une règle ou pour prétendre en faire une autre [Dvf, 15, 35], il va de soi que le nomologue qui rédige une loi ne saurait s'autoriser de la même façon. On pourrait ajouter la considération suivante qui va dans le même sens : même si la déontologie est plus conséquentialiste qu'intentionnaliste, il n'est ni incongru, ni déplacé, ni injuste, qu'on l'interroge et qu'elle s'interroge sur les motivations d'une règle, sur ses possibilités d'être améliorée [Dvf, 283] ; le nomographe, en revanche, ne peut laisser son travail aux prises avec ce type de considérations sans, en même temps, laisser la loi perdre une grande partie de son autorité [D, 207]. Bentham remarquait lui-même que le *principe d'utilité*, qu'il n'a cessé de considérer comme la véritable clé de toute régulation, qu'elle soit législative ou déontologique, n'avait nullement lieu de figurer dans un code, ni comme un de ses principes, ni comme raison de quelque loi que ce soit [Dvf, 33]. La déontologie, en revanche, le souffre parfaitement et peut le réclamer ouvertement.

On conçoit, dès lors, que, si les liens de la déontologie et de la nomographie sont intimes [B, III, 235], celle-ci ne peut comporter autant d'auteurs actifs et compétents que celle-là : il n'appartient qu'à très peu d'hommes de savoir écrire des lois ; il appartient à chacun, ou à peu près, à un titre ou à un autre – et même si ces titres sont plus ou moins importants et méritent d'être hiérarchisés –, d'être déontologue, si bien que quiconque fait œuvre de déontologie doit toujours prendre conscience que la position de juger autrui ne le met pas à l'abri d'être jugé à son tour [Dvf, 236].

Conclusions

La *première* conclusion que nous inspire l'ensemble des remarques précédentes, c'est la conformité du discours de la déontologie avec l'attitude de Bentham à l'égard de la démocratie. On sait que l'adhésion du fondateur de l'utilitarisme à la démocratie ne résulte pas d'un enthousiasme originaire à son égard, et que l'auteur a graduellement gagné ses convictions démocratiques par la réflexion que, entre des citoyens égaux, il y avait plus de chances pour la maximisation du bonheur qu'entre des citoyens inégaux [Dvf, 72]. Les situations où l'intervention déontologique est nécessaire le reflètent bien : pour qu'une décision déontologique et extra-législative soit efficace, il faut qu'elle engage à égalité ceux qui la prennent. Sinon, les délibérations n'ont pas plus d'importance que des conseils et n'engagent guère ceux qui les donnent. On est évidemment moins soigneux dans la pensée et la détermination d'une situation, quand on sait que la décision est, au bout du compte, prise monarchiquement par un autre. Il y a plus : la démocratie préconisée par Bentham, assez éloignée sur ce point – comme sur tant d'autres – de celle de Rousseau et des révolutionnaires français, n'est pas celle d'un État qui veut régler tous les problèmes, du plus général au plus particulier, en inscrivant leur solution dans le droit, mais celle d'un État qui entend laisser, le plus qu'il se peut, leur solution à ceux auxquels ils se posent et qu'il habilite à cette fin. L'utilitarisme n'est pas une dictature du bonheur, lequel ne saurait s'imposer à quiconque. Comment d'ailleurs l'*happiness* anglais, qui est l'advenue sous toutes ses formes – l'« arrivement » selon Descartes – pourrait-il être principe d'une dictature ? *Happiness* fait référence à ce qui *happens* dans son infinie pluralité et ne fait pas la moindre allusion au *good* et au *right*, comme le fait le français en référant l'*heur* au *bon* ou au *mal*.

La *deuxième* conclusion est pour souligner le danger de cette conception par laquelle l'État délègue une partie de ses pouvoirs à ceux qui sont postés au plus près du problème qui se pose, sans que la loi puisse le résoudre. Les moyens mis en œuvre par la déontologie, quand elle n'est pas directement le service des lois, risquent de comporter des considérations religieuses [Dvf, 79], morales, parfaitement autorisées à l'échelle où les problèmes se posent; mais ceux que la loi a encouragés à promouvoir de tels moyens comprendront-ils aisément que ces considérations perdent toute valeur dès lors que l'application des lois est plus directement en cause? En d'autres termes, le hobbésianisme, affirmé sur un point central par Bentham qui prend garde à ne jamais donner le primat de la parole à un autre maître que le souverain [Dvf, 82, 85], ne risque-t-il pas de se trouver en contradiction avec ses positions déontologiques? Si Bentham voit le problème [Dvf, 27-29, 244; D, 166], il est loin de nous indiquer exactement les routes qu'il faut emprunter pour le résoudre.

La *troisième* conclusion est une difficulté que nous n'avons fait que laisser glisser dans notre propos. Bentham ne cesse de nous dire que le bonheur ou le plaisir est celui de l'individu, seul compétent pour en juger [Dvf, 49 ; voir aussi 25] ; et que le bonheur maximal, dans une communauté donnée, est la somme des plaisirs individuellement recherchés [Dvf, 312]. Mais comment, dans le système benthamien, serait-il possible de prendre substantiellement un individu qui donnerait ses limites au bonheur ou au plaisir ? Et si c'était l'inverse ? Si l'individu était cette entité désignée par quelque mixte de plaisirs et de douleurs ? Trop de textes, chez Bentham, mettent, plus ou moins directement, en question l'unité substantielle de l'individu pour qu'on la tienne, sans autre scrupule, comme allant de soi au fondement des calculs. Il est clair que, par exemple, dans la *Déontologie*, l'unité à partir de laquelle on calcule la maximisation des plaisirs n'est pas l'individu, mais un couple que l'individu constitue avec autrui [Dvf, 138-9]. Les unités qui permettent de calculer les plaisirs et les douleurs sont des centres complexes qui ne coïncident pas avec les « individus ». Dans une situation de sacrifice de l'intérêt, par exemple, « c'est le moi sous une forme qui est sacrifié au moi sous une autre forme » [Dvf, 311]. Ce qu'il en est pour nous-même dans un affect passe par ce qu'il en est pour les autres [D, 123]. Mais ces calculs, fussent-ils par elle mieux pensés que ceux qui impliquent des personnes substantielles, ne se trouvent-ils pas aussi plus difficiles à faire ?

En *quatrième* lieu, la réflexion de Bentham sur la déontologie et les déontologues nous a frappés par sa modernité, en défendant des théories qui ont choqué les contemporains, même les plus avisés et les mieux disposés à les entendre : que le droit doit faire

une place à la déontologie et à l'éthique, y compris
en renonçant à ce que l'on avait jusque-là considéré
comme ses prérogatives, sans forcément intégrer ce
qui fait consensus en déontologie ; que les discussions
éthiques ou déontologiques entre personnes qui ne
partagent pas les mêmes idées et les mêmes sentiments
sur ce qui est bon ou juste parviennent à une conclusion
autour de positions utilitaristes – G. Moore [2019, 19,
124] insistera sur ce point dans son *Éthique*, soixante
ans plus tard – ; que la déontologie benthamienne, loin
d'être un manuel de politesse, comme John Stuart Mill
le laisse penser, est une théorie des discours. Au socle
passionnel que les classiques imaginaient au fondement
des normes juridiques et politiques, Bentham substitue
un lien viscéral entre le langage et les plaisirs-déplaisirs.
« Le plaisir produit doit principalement dépendre du
pouvoir qu'exerce celui qui parle : pouvoir intellectuel,
moral et actif ; pouvoir provenant de sa sagesse, de ses
lumières, de ses affections sociales et de la volonté qu'il
a de donner à ces choses une direction bienfaisante ;
pouvoir de la supériorité dans toutes ses formes, soit
politiques, soit sociales ; supériorité d'âge, de position,
de fortune ou autre. Que le langage soit parlé ou écrit,
la mission de la bienfaisance active est d'employer son
action soit à éloigner la peine, ou les sources de peine,
soit à procurer le plaisir, ou l'introduction des sources de
plaisir » [Dvf, 404].

LES ŒUVRES PRINCIPALES

À considérer les onze volumes des *Works of Jeremy Bentham*, parus quelque vingt ans après la disparition de leur auteur, comme ceux qui sortent continûment sous le titre général de *The Collected Works of Jeremy Bentham* grâce au travail aussi titanesque que méticuleux des membres du Bentham Project de Londres au XXe et au XXIe siècles, on pourrait avoir le sentiment que Bentham est un auteur comme les autres dont on peut publier les œuvres manuscrites, avec les quelques variantes qui s'imposent par rapport aux publications précédentes. Or, quand on consulte quelqu'une de ses œuvres, sauf quelques ouvrages situés au début de sa vie, comme l'*Introduction aux Principes de la Morale et de la Législation* qui est d'écriture classique, on s'aperçoit qu'elle est profondément changée, d'une édition à une autre. Ce changement peut aller jusqu'à une modification totale du titre et de l'organisation du contenu, comme ce fut le cas de *Of laws in General*, paru en 1970, devenu *Of the Limits of the penal branch of jurisprudence* en quarante ans, non pas parce que les éditeurs voulaient se distinguer par quelque excentricité, mais par la contrainte même de la lecture exigeante des manuscrits qui rend évident que l'ouvrage est la suite de l'*Introduction aux Principes de la Morale et de la Législation*. Cette lecture, depuis la mort de Bentham jusqu'à nos jours, ne cesse de modifier la perception que nous avons de l'œuvre. Un ouvrage de Bentham est le plus souvent lié à des manuscrits qui ont été classés à la mort de leur auteur selon un ordre très discutable – comme le sont tous les ordres – en des feuillets qui se suivent plus ou moins continûment; ces pages sont souvent passées par plusieurs mains, celles d'un traducteur – comme É. Dumont – qui transcrit l'anglais en français tout en « remettant de l'ordre » dans les notes, parfois en élaguant, parfois en développant, celles d'un autre traducteur qui fait repasser le livre français en anglais; si bien que le livre initialement écrit en anglais peut revenir à l'anglais après un chemin plus ou moins long, ayant subi toutes sortes de distorsions qui peuvent être liées aux compréhensions et incompréhensions des uns et des autres. Si on excepte quelques œuvres, un livre de Bentham a donc généralement plusieurs auteurs, même si le nom d'un seul d'entre eux apparaît sur la couverture – pas toujours d'ailleurs, puisque la signature peut être apocryphe – et que sa lecture, à quelques répétitions près, en paraît cursive. Bentham peut bien dire que la notion d'*auteur* est une entité réelle, plus réelle en tout cas que la *cause* [O, 139] : elle n'en est pas moins effroyablement embrouillée quand il s'agit de savoir ce qui revient à l'un ou à l'autre. Peut-être parce que, aux yeux de Bentham, les thèses soutenues comptent beaucoup plus que ceux qui les émettent et parce qu'il s'agit, pour chaque lecteur, moins de s'emparer d'un auteur que des propositions qu'il analyse ou qu'il produit. Bentham écrit sans cesse sur des sujets extrêmement variés; il n'a pas lui-même le souci de la publication des textes qu'il produit et dont il laisse le soin à d'autres – même quand il n'a pas tout à fait confiance en eux –. Bentham peut ouvrager un texte des années durant; parfois des décennies. Il faut que l'éditeur lui arrache le livre des mains pour qu'il soit fini ou que la mort emporte l'auteur. Il n'est d'œuvre qu'*in progress* pour Bentham. Tout point final est incertain. Tout texte peut être indéfiniment corrigé. Ainsi, s'il est des fils que l'on peut suivre à travers l'œuvre, ils ont tous changé au cours de la soixantaine d'années d'écriture. S'ils relèvent de la même inspiration, celle-ci peut tout de même subir des changements importants et donner lieu à des contradictions qui font que, sur des sujets essentiels, les commentateurs divergent et mettent en balance des textes qui ne s'accordent pas.

Cette difficulté va si loin que l'organisation des œuvres dont nous avons choisi de parler dans cette IIIe partie est profondément contestable, comme n'importe quelle autre l'aurait été : devions-nous les classer par leur date de publication, quand elle a eu lieu ? Ou par celle du long travail durant lequel elles s'élaboraient – ce qui en rend toujours une multiplicité contemporaine –? Il est très difficile de dire qu'une œuvre en précède une autre chez Bentham, puisqu'il les travaille souvent de front.

À cet ensemble de traits, il faut encore ajouter que Bentham, qui n'a pourtant pas une admiration débordante pour la langue française ni une aisance particulière dans cette langue où il commet beaucoup de fautes, écrit parfois en français, sans qu'il ne soit très facile de comprendre le principe de ce choix. On le comprend quand il s'agit de la Révolution française dont il fut directement le témoin actif et engagé ; dans ce dernier cas, Bentham réagit à l'événement français dans la langue même où il se dit, même s'il en transcende la singularité par la portée qu'il lui donne. On le comprend moins quand il s'agit de religion : est-ce parce que l'irréligion lui semble plus marquée en France qu'en Angleterre – comme si Hobbes et Hume n'avaient pas existé! -? Est-ce parce qu'il est plus facile de se cacher, étant Anglais, en écrivant en français? Il faudrait alors, pour réussir pleinement son affaire, que son français fût parfait.

On le voit : ce philosophe du langage qui a tenu la langue pour l'élément le plus structurant des phénomènes et événements psychiques, individuels ou collectifs, a lui-même adopté énormément de postures à l'égard du langage. Le jeune traducteur du *Taureau blanc*, conte philosophique de Voltaire, avait accompagné la première version de sa traduction d'une préface absolument baroque de plus d'une centaine de pages, patchwork d'une multiplicité de styles et d'écritures, avec un goût prononcé pour le cryptage et l'énigme – qu'il laisse au lecteur le soin de déchiffrer s'il le peut – là où l'on aurait pu s'attendre, comme en toute préface, plutôt à un décryptage de l'œuvre présentée. Simultanément, il peut composer une œuvre classique – le *Fragment sur le Gouvernement* et l'*Introduction aux Principes de la Morale et de la Législation* en étant des exemples –. Bentham peut réaliser des tableaux, les expliquer; il peut se mettre à la place d'un juge comme il peut aussi se lancer dans un plaidoyer de quatre cents pages. Par son incroyable diversité de styles et d'auteurs, le langage de Bentham prend une tournure biblique. Est-ce tout à fait un hasard si cette œuvre, commencée par un thème paulinien – la connaissance de la faute vient par la loi – s'achève par une longue réflexion réprobatrice sur la bifurcation que Paul a fait subir au christianisme en lui infligeant un ascétisme qu'il ne connaissait pas du vivant de Jésus? En tout cas, la bigarrure de l'œuvre fait que l'humour n'y est jamais absent et que l'auteur n'est jamais vraiment où on l'attend : a-t-on remarqué que *Chrestomathia*, dont le titre même promet un plaidoyer en faveur d'une instruction utile dispensée à la jeunesse commence par un avis de décès d'un homme qui, en dépit de sa relative réussite dans l'emploi commercial qu'il occupait, était déficient en capital culturel et en est mort prématurément ? Comme si Bentham se prémunissait contre les critiques qui, interminablement, jalonnent l'histoire de l'utilitarisme pour mettre en garde contre son prosaïsme et son manque de raffinement.

INTRODUCTION AUX PRINCIPES DE LA MORALE ET DE LA LÉGISLATION (1789)

Principe d'utilité et ascétisme

De ce texte, préparé dans les années 1780 et publié en 1789, nous avons déjà recueilli l'exposition du principe d'utilité qui est l'un des thèmes essentiels de l'ouvrage, avec celui de l'ascétisme, dont il sera encore question à propos de Saint Paul. L'*Introduction* est riche d'un très grand nombre d'autres thèmes qui seront développés dans toute l'œuvre. Mais il est impossible de rendre compte de ce livre sans traiter de la question du châtiment. Bentham est un pénaliste ; on pourrait même soutenir que l'utilitarisme est profondément une pensée de la peine qui donne plus facilement lieu aux mêmes calculs et stratégies que le plaisir, puisque celui-ci est l'affaire de chacun et ne saurait être commandé par un gouvernement ou par quelque loi, sinon sous la forme du strict respect du plaisir d'autrui. Le plaisir concerne l'État quand il contrevient à d'autres plaisirs chez les autres et qu'il doit leur faire une place ; non pas pour les inventer, mais pour les installer, les restaurer, les compenser.

La réflexion sur le châtiment

Bien entendu il ne s'agit pas de considérer, dans leur intégralité et selon leur ordre, les treize principes du chapitre XIV de l'*Introduction*, ni de commenter les onze propriétés qu'il convient d'attribuer à une punition pour qu'elle remplisse correctement sa fonction; principes et propriétés qui seront constamment rappelés, dans les mêmes termes, dans les œuvres qui suivent.

La punition ne consiste nullement pour les utilitaristes à réprouver une faute en reprochant à son auteur de l'avoir commise, en la désignant à la vindicte de ceux qui ont été témoins de la faute ou de sa dénonciation pour qu'ils se dispensent de la commettre, éventuellement pour qu'ils la fustigent à leur tour; si *le plus grand bonheur du plus grand nombre* est en cause, il s'agit de faire en sorte, par une ontologie active, que les infractions, occasions de déplaisirs et de malheurs pour les victimes, aient lieu le moins souvent possible, ou que, lorsqu'elles ont lieu, elles soient les moins lourdes possibles avec les conséquences les moins nocives qu'il se peut; il s'agit aussi de faire que, en punissant celles qui n'ont pu être empêchées, on ne crée pas plus de malheur que si on n'avait rien fait. Bentham s'applique à distinguer le plus analytiquement qu'il peut les principes qui doivent présider au châtiment et les caractéristiques que l'on attend de la peine. Nous allons regrouper ces considérations sous six titres différents.

Le *premier* tient dans la supposition par l'utilitarisme qu'il existe des exactions plus graves que d'autres. Il est des actes qui créent, dans la société, plus de maux et de souffrances à ceux qui les subissent que de plaisirs à ceux qui les commettent. Il s'agit certes d'attribuer une certaine objectivité à cette souffrance et de ne pas prendre des souffrances imaginaires ou simplement symboliques dont quelqu'un aurait à se plaindre (comme les dégoûts occasionnés par tel ou tel acte) pour aussi graves, voire plus graves, que des souffrances réelles ; mais aussi de ne pas en rester à une fausse attitude de constatation à l'égard de l'échelle des souffrances, en incitant intelligemment, par l'écriture de codes et par toutes sortes de mesures, celui qui ne peut pas s'empêcher de commettre une exaction, de préférer l'infraction la moins dommageable à toute autre qui le serait davantage [IPML, 204], c'est-à-dire de choisir toujours, par un calcul, rationnel ou passionnel, entre deux infractions, la moins dommageable. Il est clair que cette hiérarchie des exactions dépend d'une ontologie du bonheur qui ne peut être assurée, au moins en partie, que par la hiérarchie des peines. Car l'ontologie benthamienne n'est pas une ontologie de constat mais de performation et de fabrication.

En *deuxième* lieu, de même qu'il faut fabriquer une échelle des exactions, il faut se donner similairement une échelle des peines. On conçoit assez bien pourquoi la prison devient une sorte de monnaie commune des châtiments et comment toutes les autres peines tendent à s'estomper à cause de leur hétérogénéité, sauf si un dédommagement est directement possible en termes monétaires. La durée d'emprisonnement permet de tenir compte de la gravité des exactions ; toutefois on aurait tort d'imaginer que cette gradation, qui semble aller de soi quand on se contente de regarder les choses *in abstracto*, soit aussi facile à faire réellement. Si l'abstraction nous fait assez facilement considérer qu'on punit un individu aux contours bien nets, la réalité est très différente : l'individu que l'on punit n'est pas séparable des relations avec sa famille et l'ensemble de la société, qui se trouvent ainsi coupées, sans que l'on puisse aisément rendre commensurables ces coupures. De plus, celui qui est puni n'est pas exactement le même que celui qui a commis l'acte pour lequel on l'enferme. Enfin, en dépit de l'impression d'égalité que représente la prison, elle n'est pas supportée par les uns comme elle l'est par les autres. Bentham le sait parfaitement et il cherche à créer le calcul qui permettrait de rendre compte de ces disparités et par là de les corriger [IPML, 207-8].

Une fois établie cette double échelle de commensurabilités, il s'agit, en *troisième* lieu, de construire les bijections qui permettent de les faire coïncider. Cette coïncidence n'est pas une recherche à proprement parler, mais elle est, comme les deux autres échelles, une construction. Dans cette construction, font particulièrement problème les deux extrémités. Laissons de côté les petites infractions pour lesquelles Bentham est enclin à la sévérité [IPML, 210] et ne considérons que l'extrémité des grandes. On peut bien accumuler des jours de prison, mais vient un niveau d'exaction qui implique la prison à perpétuité ; à partir de ce plafond, il n'y a plus de discrimination possible entre les exactions qui peuvent continuer de progresser, si l'on ose dire, dans les degrés de gravité. C'est le point où apparaît la possibilité d'une peine de mort pour les exactions les plus graves. Mais cette peine, sous cet angle du moins, ne fait que déplacer la difficulté sans la résoudre, car, à nouveau, elle introduit, par sa radicalité, un niveau qui ne permet plus de rien discriminer. Dans la conception plutôt continuiste que les utilitaristes s'efforcent de produire des degrés de châtiment, elle introduit une brusque discontinuité, qui mêle un élément de disproportion peu conforme au schème général. Mais la peine de mort introduit une inconstance dans le système de punition pour une autre raison encore. À supposer que, par une expérience de pensée, on demande à l'inculpé, qui vient d'être condamné, s'il préfère la prison à perpétuité à la peine de mort, il est très probable qu'il répondra qu'il préfère la première à la seconde. Ferait-il toutefois la même réponse des mois ou des années plus tard, quand l'absence totale de perspective réduit sa vie à la morne répétition sans avenir de journées semblables et insipides ? N'est-il pas un point de lassitude, dans une longue peine, où le délinquant se met à regretter ce qui aurait pu être l'instant bref qui le soulage à jamais de l'effroyable morosité que sont les journées qu'il endure ? N'est-ce pas dans les prisons que l'on se suicide le plus ? Et, pour accroître encore notre perplexité : avant de commettre le délit qui l'a conduit en prison, sur le point de passer à l'acte, le délinquant, encore potentiel, était-il capable de mesurer, si le code lui en laissait le choix, la différence qui existe entre la prison à perpétuité et la mort ? La commensurabilité entre la perpétuité et la mort est particulièrement instable selon la perspective que l'on est contraint d'adopter pour la prononcer.

En *quatrième* lieu, si Bentham n'oublie pas la souffrance de la victime, il refuse de sacrifier à la vengeance en négligeant la souffrance du condamné. La peine, permît-elle à la victime, à sa famille, voire à l'ensemble de la société, de retrouver quelque sérénité, est toujours une souffrance que l'on introduit alors qu'elle pourrait ne pas être ajoutée. Il est incompatible avec l'utilitarisme, qui préconise le plus grand bonheur pour le plus grand nombre, de recommander à l'État, dont ce ne peut être la charge, d'introduire une souffrance supplémentaire; du moins ne peut-il le faire sans détour ni dialectique. Le problème du châtiment est donc toujours de se demander si on ne fait pas plus de mal en infligeant une punition qu'en ne le faisant pas [IPML, 210, 211]; il est aussi, quand, décidément, la punition est possible et souhaitable, celui de doser la peine de telle sorte qu'elle soit suffisamment dissuasive pour que celui qui serait tenté de commettre un acte analogue à celui dont le condamné paie le prix soit arrêté dans son élan pour peu qu'il y réfléchisse; mais aussi de telle sorte qu'elle ne soit pas inutilement élevée, c'est-à-dire trop cruelle [IPML, 204], ce qui la rend peu crédible aux yeux de celui qui s'apprête à commettre une faute analogue. Il faut trouver la juste mesure entre un seuil qui risque d'être trop bas [IPML, 204] et un plafond qui risque d'être trop élevé [IPML, 207].

Mais Bentham va plus loin encore dans le raffinement du scénario qui lie les trois éléments que sont la réalité du mal vécu par celui que l'on punit, et dont on crée en quelque sorte l'individualité pour cet effet, l'apparence de ce mal qui fait un spectacle dissuasif pour qui serait tenté par l'aventure du délit, la sécurité enfin qu'il s'agit d'obtenir dans la société par le respect de ses lois. Utilisant, dans ses illusions mêmes, la sympathie envers le condamné au profit du respect de la loi, Bentham veut effrayer le délinquant potentiel par le spectacle de la souffrance, mais il entend que la peine ne fasse que se servir de cet imaginaire qui frappe, sans que son mal ne soit aussi réel qu'il en a l'air. En d'autres termes, la peine doit rester le plus possible symbolique, car il est clair qu'elle ne restitue pas l'ancien état de choses (la personne tuée, gravement blessée ou lésée, ne reviendra pas à l'état initial); elle doit frapper l'imagination sans atteindre le degré de cruauté dont elle semble pourtant témoigner mais qui est réellement plus supportable qu'il le paraît. Ainsi ce qui s'annonçait comme un calcul sur les quantités n'exclut nullement un jeu théâtral qui lie l'imaginaire, le réel et le symbolique.

En *cinquième* lieu, le degré de certitude d'être puni, pour celui qui commet une exaction, doit être, sinon très grand, du moins, cru tel, de telle sorte que le passage à l'acte de la tentation de l'exaction apparaisse extrêmement risqué et déraisonnable ; et si, pour une raison ou pour une autre, il ne peut être assez élevé, il faut en compenser le déficit par un mal plus élevé. Ce qui rétablit en espérance la perte que la société risquait par un moindre degré de probabilité. Cette règle de dissuasion présente le cas inverse du précédent où il s'agissait de tourner une illusion au profit de la douceur des peines ; ici, il s'agit plutôt de se méfier de l'éventualité que le crime puisse rester impuni, en amalgamant la trop faible probabilité qu'il le soit avec l'espérance d'une lourde peine [IPML, 209].

Enfin, on rejoint ici un *sixième* et dernier principe qui régit moins la peine que la conduite des procès qui la déterminent. Le procès moderne ne cherche pas à établir la vérité de ce qui s'est passé, la vérité qu'est censé connaître celui qui a commis l'exaction ; il préfère partir de la certitude que personne ne la connaîtra jamais et établir avec le plus d'exactitude qu'il se peut le degré de probabilité d'une culpabilité, lequel suffit pour condamner si toutefois on fait attention à la lourdeur de la peine qui ne doit pas être trop grande dès lors que le degré de probabilité est trop petit. Le réel du procès n'est pas de tenter de faire revivre les fantômes du passé ; il est d'établir la preuve d'une culpabilité, étant donné que la sécurité d'une société en dépend ou paraît, du moins, en dépendre. Conformément à ces vues, la loi de Laplace est que « la probabilité doit être telle qu'il y ait plus de danger pour la sûreté publique à l'acquittement d'un coupable que de crainte de la condamnation d'un innocent » ; Poisson l'a reprise à son compte, en insistant sur le fait qu'un coupable ne l'est sans doute pas en soi, mais que la société n'en demande pas tant non plus puisque le vrai nom du *coupable* est plutôt celui de *condamnable*.

Voilà donc, fortement condensés, les principes du châtiment selon Bentham. On en reconnaît un certain nombre qui sont inspirés de Beccaria, notamment sur la question de la douceur des peines et de leur proportionnalité ; mais d'autres principes s'écartent nettement des vues de Beccaria, par une pensée plus fine de la probabilité, d'une part ; par le fait que le contractualisme de Beccaria (le fait que l'exaction soit comprise comme une rupture de contrat avec l'ensemble de l'État [Beccaria 1965, p. 66]) est remplacé par un jeu de plaisirs et de douleurs qui transforme chaque délinquant potentiel en calculateur de ses intérêts, exactement comme chaque homme honnête, quoique celui-là prenne plus de risques que celui-ci. Il peut risquer l'exaction ou en être dissuadé, selon la teneur des lois, les chances de se faire arrêter, le gain qu'il attend, le prix auquel il est prêt à l'acheter. Le délinquant est considéré par l'utilitariste comme s'il était sur un marché, supputant ses chances de tirer profit d'une exaction comme on le ferait d'autres services [IPML, 206]. Bien entendu, cette exaction n'a pas lieu si toutes les institutions fonctionnent normalement, mais elle n'est pas le signe d'une mauvaiseté en soi de l'acteur, quand elle est commise à cause de leur dysfonctionnement. Cette assimilation du délinquant à un acteur rationnel a pu être critiquée, non seulement par son amoralisme qui choque les belles âmes, mais, à l'inverse, par ce qui pourrait être interprété comme un idéalisme, puisque le délinquant est promu au rang de calculateur, ce qu'il est très rarement et probablement jamais au moment où il passe à l'acte. Or il faut et il faudra se souvenir que ce n'est pas parce qu'un calcul n'est pas réellement effectué qu'il ne l'est pas implicitement, sous la forme affective, et qu'il ne pèse pas sur les décisions, encore qu'il soit beaucoup plus imprécis que s'il était fait par la raison. Il n'est pas impossible que, sourdement, implicitement, *la passion calcule*.

Nous cessons ici notre très rapide incursion dans les *Principes de la morale et de la législation*, en espérant avoir donné un aperçu du travail analytique de Bentham qui pousse la dissection le plus loin possible, mais qui ne saurait dissimuler – le cherche-t-il d'ailleurs ? – qu'aucun de ces principes n'est susceptible de fonctionner seul ; et que chacun ne cesse, dans son action, d'interférer avec les autres, dans un jeu complexe qui peut souvent paraître contradictoire.

La peine de mort est-elle conforme aux principes précédents ou, du moins, peut-elle s'y conformer ?

Nous venons, de temps à autre, en expliquant les principes généraux du châtiment chez les utilitaristes, de croiser la peine de mort ; il faut désormais nous demander si la peine de mort peut constituer un châtiment acceptable du point de vue du principe d'utilité. Pour y parvenir, il faudrait entrer dans le détail d'une confrontation de la peine de mort avec les considérations précédentes. Mais Bentham n'a pas écrit de livre sur la peine de mort comme il l'a fait, par exemple, pour contester qu'il faille punir l'homosexualité ; il a même changé d'avis à son propos, de 1775, quand il pense encore que la peine de mort peut sanctionner les meurtres les plus graves, à 1831, où il est radicalement abolitionniste. Il faut surtout consulter les *Principles of penal laws* et recueillir les fragments de sa pensée pour recomposer ce qu'il pense de la peine de mort.

L'argument qui lui semble le plus décisif n'est pas celui de la cruauté – il est des morts « naturelles » beaucoup plus douloureuses que celles produites par le châtiment capital [B, I, 445]; il n'est pas non plus impossible que l'enfermement à perpétuité se révèle être une peine plus terrible que la peine de mort qui aurait peut-être été demandée par le condamné s'il avait eu le choix et s'il avait eu connaissance de l'horreur d'être enfermé sans espoir de sortie – : avec la peine de mort, on est dans le cas assez étrange d'un châtiment qui annonce à l'imagination beaucoup plus d'horreur qu'il n'en produit en réalité chez le condamné alors que les longues peines d'emprisonnement produisent l'appréciation inverse : elles semblent douces en comparaison de la peine de mort [B, I, 442]. Il ne faut pas croire non plus que la peine de mort, en dépit de l'imagination dont nous venons de parler, soit également dissuasive chez tous les hommes : pour que l'inscription de la peine de mort dans un code soit efficace, il faudrait que celui qui s'apprête à faire un crime odieux puisse soupeser les avantages et inconvénients des peines qu'il encourt; or, dans la fureur de l'action, cette pesée disparaît, si l'on veut bien reconnaître qu'elle a une portée réelle pour un esprit qui regarde froidement les choses [B, I, 447]. Il est encore un autre argument qu'on ne peut négliger qui est que le délinquant, comme le marin ou le militaire, intègre la probabilité de mourir brutalement parmi les risques du métier [idem]. Enfin, il faut prendre garde aux limites de l'argument de la dissuasion : quand le condamné monte à l'échafaud, il intime une sympathie dans l'opinion publique en devenant victime et il attise le dégoût de la peine de mort [B, I, 443].

Les deux arguments les plus décisifs sont l'irrévocabilité ou l'irrémédiabilité de la peine de mort [B, I, 447 ; II, 133] et la pesée, cette fois anti-laplacienne, selon laquelle punir, sans réparation possible, un individu qui n'est pas coupable est un mal pire que celui qui est produit par la probabilité qu'un individu réellement coupable échappe à la peine [Bowring, II, 133].

MANUEL DE SOPHISMES POLITIQUES
(RÉDIGÉ EN 1773-1776, ÉDITÉ EN 1824)

Conditions de l'écriture de l'ouvrage

Produit de plusieurs allers-retours entre l'anglais et le français, le livre est commencé dans les années 1773-1776, par un relevé empirique de quelques sophismes ordinaires que commettent les politiques dans leurs discours. À partir d'un ensemble de notes inachevées qu'il traduit, É. Dumont édite en français un *Traité des sophismes politiques* en 1816. Bentham avait lui-même envisagé dès 1808 une édition anglaise de l'ouvrage ; mais le *Book of fallacies ; from unfinished papers of Jeremy Bentham. By a friend* (le *Livre des Sophismes*) a finalement été préparé par un disciple, P. Bingham, sous la direction de Bentham pour ne paraître qu'en 1824. Larrabee a repris l'ensemble en l'élaguant de multiples lourdeurs et complications linguistiques, sous le titre de *Handbook* pour le démarquer de *Book of Fallacies*.

L'étrangeté de l'œuvre ne tient pas seulement aux diverses strates de traductions et à un style qui voudrait s'emparer en une seule phrase de tous les aspects de la réalité : elle tient aussi aux circonstances. Le livre doit se comprendre comme une réaction à l'ouvrage d'un parlementaire, W.G. Hamilton qui s'illustra par un splendide, mais unique, discours à la Chambre des Communes. C'est après sa mort en 1796 que parut, de sa plume, une *Parliamentary Logic* qui fut traduite en français et qui donnait, non sans ironie, des conseils d'intervention dans un débat parlementaire et des techniques pour renvoyer à plus tard une discussion quand son camp l'estimait difficile ou pour remettre une prise de décision alors même que son principe était retenu. Comme Blackstone l'avait été pour concentrer sur ses *Commentaires* tous les vices du Common Law, Hamilton va devenir le « repoussoir » dont Bentham avait besoin, alors même que sa recherche était déjà très avancée, pour focaliser toutes ses critiques contre le système parlementaire anglais. Si les continentaux ont pu parfois l'admirer pour la raison qu'il aurait garanti la liberté des citoyens anglais, c'est parce qu'ils n'en connaissaient pas les injustices que Bentham met en lumière. La Chambre des Lords garantissait à un certain nombre de ses membres de siéger à vie ; quant à la Chambre des Communes, dont la représentation s'effectuait par un mixte de suffrage censitaire (dans les comtés) et de suffrage quasi universel (dans les bourgs), sans toutefois que les femmes ne participent jamais au scrutin, elle ne correspondait pas davantage à la réalité de la société depuis l'exode rural que connaissait l'Angleterre. On votait à haute voix et les électeurs subissaient presque toujours la pression d'un « patron », c'est-à-dire d'un riche propriétaire du voisinage qui leur imposait son candidat. En outre, il est impossible pour le Parlement de renverser le Premier Ministre qui peut gouverner contre lui avec l'appui du roi.

Le système des fallacies politiques

Mais si ces considérations sont partout présentes dans le *Handbook*, la portée du livre transcende la contingence de la situation historique particulière d'un système représentatif en crise, pour concerner une réflexion sur le parlementarisme des États modernes. On aurait tort d'attribuer à quelque maniaquerie, digne d'un Fourier, la volonté de classer les « fallacies » en une trentaine de rubriques réparties sous quatre grands titres : les *« fallacies » de l'autorité*, qui prétendent mettre fin à un débat en invoquant une autorité supérieure [la sagesse de nos ancêtres chinois, le caractère irrévocable des lois adoptées une fois pour toutes et des vœux qu'il serait sacrilège de rompre, l'argument du « sans précédent », l'autorité que l'on s'attribue à soi-même, le sophisme de l'auto-célébration, les personnalités dignes d'éloges] ; les *« fallacies » du danger*, qui excitent la crainte d'engager quelque réforme que ce soit [les personnalités exécrables, l'argument du loup-garou ou « pas d'innovation », le sophisme de la défiance ou : « qu'y a-t-il au fond derrière tout cela ? », le dispositif d'accusation de celui qui cherche à épouvanter ou : « Il faut bien que l'infamie se fixe quelque part »] ; les *« fallacies » de la procrastination*, qui se proposent de remettre indéfiniment les débats à plus tard [le sophisme de la sérénité ou « personne ne se plaint », le sophisme

de fausse consolation, l'argument du procrastinateur ou :
« attendez un peu, il n'est pas encore temps », l'argument
de l'escargot ou : « une chose à la fois ! Pas trop vite !
Lentement mais sûrement ! », le sophisme de la diversion
habile] ; les *« fallacies » de la confusion* enfin, quand
les précédentes ont été essayées sans succès et qu'il ne
reste plus qu'à embrouiller le débat [les épithètes de
la pétition de principe, les termes de l'imposteur, de
la mise en circulation de généralités vagues : l'ordre,
l'établissement, l'incomparable constitution, la balance
du pouvoir, la glorieuse révolution ; idoles allégoriques ;
classifications superficielles ; distinctions en trompe-
l'œil ; la corruption populaire ; sophismes anti-rationnels ;
assertions paradoxales ; *Non causa pro causa*, ou : la
confusion de la cause et de l'obstacle ; la fin justifie les
moyens ; la justification de l'opposant sans concession :
pas les mesures, mais les hommes, ou : pas les hommes,
mais les mesures].

Sans doute serait-il bien difficile de soutenir que
Bentham a recueilli *toutes* les « fallacies » et qu'il en a
fait le système : son point de vue reste encore largement
empirique et statistique. Mais l'idée du *Handbook*,
partiellement démontrée, est que là où Leibniz suggère
dans les ruses du politique une source constante d'invention, à la différence de l'animal qui se laisse toujours
prendre dans les mêmes pièges, Bentham montre qu'il
faut distinguer le code de ses usages. Divers sans doute
sont les types de ruses politiques, mais ils ne sont toutefois
pas innombrables et ils constituent les éléments rigides et
dénombrables d'un code, dont le politique peut se servir
comme d'une langue. On fustige aujourd'hui de toutes
parts la « langue de bois » et les pratiques stéréotypées
des politiques ; mais on s'arrête ordinairement trop tôt

dans la dénonciation qui pourrait établir distinctement les éléments de cette pratique et de cette langue, comme les linguistes, les mythologues et les sémiologues savent y recourir, chacun dans sa partie.

De quel point de vue dénoncer les fallacies ?

Il reste toutefois un point délicat qui fait tout l'intérêt du *Handbook* : la dénonciation des « fallacies », c'est-à-dire de l'équivalent, pour les fictions, des « erreurs » pour les autres propositions, semble impliquer l'existence d'un lieu qui leur échappe on ne sait comment mais d'où l'on peut les considérer et les détruire ou les rendre inoffensives. Un certain nombre de commentateurs – comme Larrabee – identifient ce lieu comme étant celui de la raison et du principe d'utilité ; comme si le principe d'utilité était uniquement rationnel et comme si la raison échappait au statut de fiction. Certes, tenir la raison pour une fiction n'en fait pas une fallacy, ce qui rendrait notre problème insoluble, mais Bentham n'a pas estimé insoutenable que c'est en mettant en œuvre des fictions que les fictions se distinguent d'entités réelles ; et que c'est encore par des fictions que les fictions recevables se démarquent des fallacieuses. Le rationalisme ne saurait coïncider avec le principe d'utilité, pour une double raison : *d'une part*, parce que la raison est un mythe, une « déesse », qui revêt des aspects affectifs et que l'opposition de la raison et des passions relève d'une pure mythologie ; mais *d'autre part* aussi, parce que le principe d'utilité est un principe de plaisir ou un principe affectif. On voit donc que le rationalisme ordinaire – celui qui se croit assez puissant pour vaincre les idéologies en pensant qu'il n'en est pas une lui-même – n'est pas la solution de notre problème et que, si le rationalisme peut donner lieu à quelque facilité expressive de cette solution, la solution réelle, dans sa finesse, est plus délicate. Nous n'avons pas la place de le vérifier pour la trentaine de titres distingués ; pas même pour les quatre titres généraux. Il nous suffira de noter qu'il s'agit non pas de substituer la raison à l'autorité, comme s'il n'y avait pas une autorité de la raison, mais de considérer ce qui distingue une autorité recevable – et que l'on peut qualifier de *rationnelle* – d'une autorité irrecevable et aberrante. Il en va de même pour les généralités vagues ; il s'agit, non pas de fustiger les généralités de telle sorte qu'il n'en reste aucune parce qu'elles sont abstraites et qu'on ne travaille jamais que dans des circonstances singulières, mais plutôt de regarder ce qui fait que l'on peut conserver certaines d'entre elles et rejeter en effet certaines autres. La question des critères est donc plus subtile qu'une distinction prétendument tranchée entre la raison et les fictions, entre l'utilité et ce qui est fictif. La raison a ses fictions que la fallacy dévoie et perturbe ; mais on ne saurait dire que c'est par la raison que nous distinguons une fiction d'une fallacy. Il n'y a pas de lieu sécurisé pour le faire et c'est ce qui fait que, même pourchassée, ce qu'on appelle la « langue de bois » a toujours de beaux jours devant elle ; et qu'il n'est pas si facile de se débarrasser des fallacies.

Critique de la notion de représentation

Mais par-delà la dénonciation de ces tribulations, qui apparaissent plus ou moins contingentes, de la représentation, Bentham se livre à une réflexion critique sur celle-ci dont on comprend ordinairement mal les exigences. Dans le *Handbook of Political Fallacies*, Bentham demande ironiquement s'il faut comprendre la représentation par les députés à la façon dont Kemble interprète Macbeth. Qui est représenté dans la présentation politique ? Est-ce le peuple qui est représenté ou est-ce l'institution qui se figure par des personnages vivants lesquels paraissent en animer le code ? L'idée benthamienne est que les institutions ne valent que par les hommes qui en usent et qu'il en va d'elles comme des mots dont l'usage fait le sens et la valeur. D'où l'extrême importance de l'élection des représentants, tout particulièrement lorsqu'il s'agit de parlementaires, et des procédures de nomination pour les autres. Car le droit le plus essentiel n'est pas seulement constitué par le corpus des lois existantes, quand bien même elles régiraient efficacement la société. Il est aussi celui qui habilite telle personne à prendre telle décision concernant le public. La pyramide d'habilitations est le véritable fondement des lois ; sans doute, ces habilitations reposent-elles elles-mêmes sur des lois, et même sur les lois constitutionnelles, qui sont les plus fondamentales de toutes, puisqu'elles sont censées dériver de la souveraineté populaire, c'est-à-dire de ceux qui ont le droit de vote. Mais aucune loi, fût-elle fondamentale, n'est adoptée à titre définitif : c'est le sens de tout le chapitre du *Handbook* sur les lois et les vœux irrévocables. Ainsi appartient-il à l'autorité constituante, entre autres attributions, de députer et d'élire les membres qui composent l'autorité législative ; éventuellement, de dissoudre dans certaines conditions leur assemblée. Mais il n'appartient pas à ses membres de leur donner des directives, qu'elles soient individuelles ou collectives, pour orienter les mesures qu'ils ont à prendre, ni par conséquent de les récompenser ou de les punir; sauf si l'on considère la réélection comme une récompense et la dissolution ou la non-réélection comme un châtiment. Il faut laisser chacun à son niveau faire ce qu'il a à faire, sans le lui dicter. La contrepartie est que nul ne peut s'abriter derrière sa fonction au moment où il prend une décision; car le fait qu'une institution soit en place n'est pas une raison suffisante pour qu'elle continue de l'être et les institutions sont constituées par les actes mêmes de prendre des décisions autant qu'elles les abritent. Voilà pourquoi la notion de *responsabilité juridique* – pas seulement morale – de celui qui exerce une fonction est si fondamentale; et telle est la raison pour laquelle la dimension de contrôle est inhérente à l'exercice de toute fonction. L'inspection est, pour le peuple, la seule façon d'intervenir dans le travail d'un fonctionnaire quand il l'estime fautif et dans une situation où il n'y a pas d'évidence du contenu des actes qu'il y a à faire. Il apparaît que Bentham a voulu établir l'équivalent d'une égalité, dans un état de réelle inégalité de fonctions et de postes, par le jeu inlassable et opposé de l'exercice du pouvoir et de l'inspection qui en est la réflexion critique, active, éventuellement destitutive, selon toutes sortes de procédures.

LA TABLE DES RESSORTS DE L'ACTION (1815)

Un texte mal compris en son temps

Ce texte qui fait partie de la *Deontology* est sans doute celui contre lequel John Stuart Mill se montre le plus sévère au point qu'il souhaite que les éditions Bowring, alors en cours, le vouent charitablement à l'oubli : « On ne s'attendait pas à ce que la petite morale soit la seule à peu près traitée et cela avec la minutie la plus pédante qui soit, selon les principes d'une stricte contrepartie qui relève du commerce. Cet ouvrage n'a pas même la valeur qu'on pourrait lui accorder s'il laissait apparaître une ligne de pensée erronée mais rigoureuse dans ses conséquences. [...] Omettre la *Déontologie* de ses éditions actuellement en cours serait, selon nous, la preuve d'une discrétion tout à fait justifiée de la part de l'éditeur » [Mill 1998, 209-210]. Bentham aurait voulu expliquer les conduites humaines seulement par la bassesse des déterminations selon l'intérêt tourné vers soi, les désirs vulgaires, les motifs dont on paraît ne sélectionner que les plus mesquins : « Il est à peu près incapable de reconnaître comme un élément de la nature humaine la poursuite de quelque idéal que ce soit pour lui-même ». Or il nous paraît que John Stuart Mill fait entièrement fausse route dans son interprétation et qu'il n'aperçoit pas un instant que les *Ressorts de l'action* ne fondent le droit, la morale, la politique, l'éthique, et ce que l'on appellerait volontiers aujourd'hui, non sans lourde équivoque – mais qui ne s'appelait nullement ainsi au début du XIXe siècle – les sciences humaines, ni sur une quelconque nature humaine – dont Bentham a souvent fustigé la notion –, ni sur quelque individu humain. Ce qui, précisément, surprend, c'est que, bien avant que l'on parle de "sciences humaines", lesquelles – mise à part la science du commerce qui est en plein essor – ne sont pas encore épanouies, la psychologie ne prenant encore aucune des figures qu'elle prendra bientôt, ce qui ressemble rétrospectivement à la sociologie n'ayant pas encore reçu ce nom, l'histoire n'ayant pas encore exploré les méthodes que nous lui connaissons,

Bentham a, des fondements qui conviennent à toutes ces entreprises, une idée étonnamment proche de la nôtre. En raison même de l'antihumanisme que John Stuart Mill lui reprochait et voulait corriger, ce premier utilitariste voit peut-être plus juste que la plupart de ses contemporains quand il met en doute que ces sciences humaines soient des connaissances qui prennent l'homme pour objet; et c'est sans doute ce qui a intéressé, chez Bentham, un peu plus d'un siècle après sa mort, les structuralistes, quand toutefois ils ne se sont pas arrêtés au panoptique. On peut assez bien comprendre pourquoi à condition de ne pas négliger les équivoques de cet intérêt.

La fin de l'explication par les passions

La première chose que Bentham abandonne, c'est l'explication générale de nos comportements par ce qu'on pourrait appeler une *logique des passions*. Les auteurs qui, aux XVIIᵉ et XVIIIᵉ siècles, mais aussi dès l'Antiquité, avec Aristote, avaient traité des passions, savaient les réduire, par leur analyse au moyen du langage, à des systèmes dont ils articulaient le sujet, l'objet, les causes, les qualités et ils travaillaient volontiers avec ces produits réduits par le (et au) langage pour rendre compte de nos comportements politiques, éthiques, moraux, juridiques, esthétiques. Mais, ainsi travaillées, les passions gardaient leur caractère contingent; elles n'avaient aucune identité d'une langue à une autre; aucune commensurabilité qui leur eût permis d'entrer dans des calculs; même analysées, elles restaient disjointes entre elles et si elles pouvaient entrer dans un discours comme des signes élémentaires, ces discours n'étaient traduisibles d'une langue dans une autre qu'à condition que l'imagination fût la même dans toute la nature humaine et réduisît l'hétérogénéité des langues. Toutefois un fantasme d'identité n'est pas une identité et la notion de *nature* – qu'elle fût humaine ou non – est des plus suspectes.

Au-delà des passions : les motifs, les intérêts les désirs

Et c'est bien là où le travail de déconstruction des passions fait rupture avec l'« humanisme » des passions. Le discours des passions est un masque qui dissimule derrière une ontologie figée, laquelle nous fait croire qu'il existe honte, humilité, amour, haine, orgueil, etc., que nous les sentons alors que nous agissons, que nous pouvons découvrir ces actions cachées et les rendre manifestes dans leur infinie diversité. Certes, il ne s'agit pas de se livrer à la tâche désespérante et impossible d'inventorier cette infinité ; il s'agit plutôt, poussant l'analyse jusqu'au plaisir et à la douleur, considérés comme deux entités réelles indépassables, de reconstituer sans doute, mais plus encore de constituer, les divers schèmes d'actions, à partir de ce que Bentham appelle les *motifs* (ou motivations) <*motives*>, les *intérêts* et les *désirs*. Toute action est un complexe qui met en jeu, sur les modes les plus variés, un entrelacement de ces entités fictives à partir des plaisirs et des douleurs. Ce que l'on appelle « passions » n'a aucune consistance en soi qui serait fixée par la nature, comme s'il était naturel d'éprouver de l'orgueil, de la haine, de l'amour ; elles dissimulent, derrière une apparente fixité, des situations qui représentent des avantages acquis par certains comme s'ils étaient inchangeables. Bentham l'établit en montrant que le langage ne reste jamais neutre dans ses constructions et qu'il valorise ou dévalorise les motivations, les intérêts et les désirs sous des appellations *eulogistiques*, *dyslogistiques* et rarement *neutres*. Si bien que ce que nous appelons *passions* sont ces valorisations figées de la langue, qui inscrivent, non seulement dans la parole, mais dans le code qui la rend possible, les attitudes et comportements qu'une société, à un certain moment – qui peut durer fort longtemps – accepte, promeut, rejette. Le langage produit rarement des termes qui soient neutres; il est même fréquent qu'ils soient absents des langues; il est rare qu'une *signification <meaning, import>* existe sans s'accompagner de valorisations, livrées avec le sens, sans que l'on s'aperçoive des conduites qu'elle induit. Il existe même de nombreux points en toutes les langues où le *meaning* manque et où il ne reste plus que des valorisations auxquelles le locuteur est ordinairement soumis sans qu'il ne s'en rende compte. La sélection et l'organisation des comportements s'effectue dans les langues mêmes où elles se livrent une guerre qui échappe à la plupart des hommes, quoiqu'ils en soient les acteurs et très souvent les victimes.

Le langage prend la place des passions

On ne s'aperçoit ordinairement pas de ces trous dans la langue, parce que, qu'ils soient là ou pas, la signification fonctionne toujours de même, par différenciation de signes avec d'autres. Mais qu'il n'y ait pas de mots neutres pour dire la sexualité, que les mots dévalorisants soient plus nombreux que les mots valorisants et inconsciemment plus tentants pour dire la plupart de nos plaisirs, montre à l'évidence le travail de l'ascétisme et la mise en œuvre de toutes sortes de valorisations sociales laissées inaperçues de telle sorte qu'elles soient d'une efficacité redoutable, intimée par les choses mêmes. Il est intéressant de ce point de vue d'examiner les langues et de les confronter les unes aux autres pour établir relativement la carte de leurs manques et de leurs pleins, car elles ne sont pas pourvues et dépourvues aux mêmes endroits. Les passions n'ont plus rien de naturel ; elles sont ce que nous percevons, avec plus ou moins de perspicacité, des systèmes sociaux à travers les langues que nous parlons.

Le langage permet les tableaux

Pour l'établir, il faut recourir à la logique des tableaux, qui brise la cursivité de la parole, laquelle ne permet pas de s'apercevoir des trous de la langue, la transforme radicalement en éléments de langue, privilégiant absolument la spatialité sur la temporalité, et observant la distribution de ces éléments selon les trois registres du *dyslogistique*, du *neutre* et de l'*eulogistique*. La grande déception de Bentham fut de ne pas trouver les traducteurs qui eussent permis de transformer les quatorze tables fabriquées en anglais, en toutes sortes de langues. Redoutable traduction que celle qui n'a plus les appuis de la proposition pour restituer le sens des mots et ne doit plus compter que sur des mots isolés. Elle fait autant apparaître l'irréductible spécificité des langues les unes par rapport aux autres que le fonctionnement de nos psychismes. Elle fait surgir alors un problème dont ne se sont pas toujours sortis les auteurs de notre temps quand ils ont voulu scander la totalité de nos actes psychiques selon les langues que leur locuteur parlait. Faut-il aller jusqu'à dire que les motivations, les intérêts et les désirs anglais n'ont rien à voir avec le même « jeu » repéré dans d'autres langues ? Ce primat de la diversité des langues auquel paraissent conduire inévitablement *Les ressorts de l'action* est-il acceptable autrement que comme une hypothèse extrême qui ne donne ses leçons que par son radicalisme même ? Tout le bonheur des hommes, mais surtout peut-être tout leur malheur, viendraient-ils de ce qu'ils parlent une langue plutôt qu'une autre ? Certainement pas, puisque la guerre des mots, qui se joue évidemment à l'intérieur des langues, ne prend pas son origine dans l'élément linguistique.

Deux caractéristiques intéressent le moderne qui lit ce texte qui n'a pas eu l'heur de plaire à John Stuart Mill. La *première* est plutôt restrictive et sera dépassée dans les réflexions ultérieures sur la religion : elle fait du plaisir et de la douleur deux entités réelles sans au-delà ; la *seconde* tient dans la position de ce qu'on pourrait appeler un inconscient linguistique : le locuteur, qu'on est parvenu à emprisonner et qui s'est emprisonné lui-même dans les valeurs du langage, de façon plus ou moins durable mais jamais définitive, ne s'aperçoit pas, tandis qu'il parle et paraît décrire une situation de façon neutre ou « objective », avec l'impression d'une grande liberté dans la création de ses points de vue et de ses appréciations, qu'il transmet sans le vouloir – et ainsi avec le maximum d'efficacité – le point de vue qui accrédite ou discrédite des comportements par le simple fait de les désigner par leur nom.

Chrestomathia nous présente d'autres tableaux, moins risqués à première vue que les précédents.

CHRESTOMATHIA (1815)

L'art des tableaux

Nous laissons de côté les problèmes éducatifs que nous avons déjà posés et nous considérons le syntagme indissociable qu'est « art et science » sous la plume de Bentham : « pas de science sans art ; pas d'art sans science » [C, 252]. Si Bentham n'est pas l'inventeur de la soudure des deux termes que l'on trouve déjà chez Hume, son livre *Chrestomathia* les accole systématiquement comme étant en rapport de « joint tenancy » [B, II, 252] – de propriété conjointe –. Pas plus qu'il n'y a de purs savants sans technique que de techniciens sans science, il n'y a de purs techniciens qui se distingueraient des hommes de métier, qu'il s'agisse d'artistes, d'artisans ou de manouvriers. Les arts et métiers connaissent aussi peu de ruptures entre eux que les arts et les sciences. *Chrestomathia* se présente comme une longue réflexion sur les classements, leur intérêt scientifique et technique, et sur l'usage du langage qui permet de les effectuer. Il est donc tout à fait dans le prolongement du travail des *Springs of action* ; l'auteur présente trois classements dont deux sont de son crû, tandis que l'autre fait l'objet d'une réfutation.

Réfutation du tableau de l'Encyclopédie fabriqué par D'Alembert (1767)

Certes, D'Alembert partage avec ses prédécesseurs (Chambers, Wilkins, Bacon) une volonté de promouvoir le savoir technique. Mais les défauts de la Table que le grand scientifique français a présentée comme *Système figuré des connaissances humaines* avec le sous-titre

Entendement pèsent très lourd. Ces trois facultés accolées
– la *mémoire*, la *raison* et l'*imagination* –, dont on ne
sait trop si elles sont celles d'un sujet singulier ou d'un
sujet collectif, ne parviennent pas à convaincre d'être au
fondement des savoirs et des techniques qu'elles sont
censées penser et produire. Leur organisation n'est que
rhétorique et en trompe l'œil. Le rapport de la *mémoire* à
l'histoire est allusif et l'on sait bien que, pour établir des
faits et critiquer des documents, la mémoire n'a pas plus
d'importance en histoire qu'elle n'en a en physique, en
biologie ou dans une autre science [C, 191-2]. Il en va
de même pour l'*imagination* qui se trouve bizarrement
cantonnée à la poésie, alors que toutes les autres activités
la requièrent au moins au même titre que pour écrire ou
sentir des poèmes [C, 189]. Quant à la raison, dont le
domaine est pléthorique par rapport aux deux autres,
elle est une faculté tellement vague et si peu repérable
tant elle est composite dans les diverses activités où on
la suppose, qu'elle n'explique rien des contenus qui lui
sont soumis ni de leur organisation [C, 190]. « Dans
le nom de *raison*, on peut voir une de ces nombreuses
espèces de noms d'*entités fictives*, dont la fabrication a
requis les efforts conjoints du *rhétoricien* et du *poète*. Par
la *Raison*, ils se sont unis pour nous donner une espèce
de *déesse*; une déesse, dans laquelle une autre déesse,
la *Passion*, trouve une constante antagoniste – et une
troisième déesse, la *Religion*, sœur aînée de la *Raison* –
tantôt rivale turbulente, tantôt utile subordonnée. Ce n'est
pas par une telle mythologie que l'on peut transmettre un
enseignement clair et correct » [C, 191].

　　Outre ces allusions symboliques à trois facultés
choisies de façon aussi arbitraire qu'étriquée – pourquoi
ces trois-là plutôt que les dix-sept que leur substitue

Bentham ? –, les contenus sont trouvés et juxtaposés. La *limitation* de leurs frontières est absente. Une limite n'est pas une fracture qui laisse un ensemble de choses d'un côté et un autre ensemble de l'autre ; elle ne fonctionne pas comme une substance dont chaque partie est extérieure aux parties d'une autre. Toute proposition est un mode de penser et de faire qui s'oppose à une autre proposition comme une autre façon de penser et de faire, sans empêcher aucune interférence ni entrecroisement. Mais ce n'est pas la proposition qui fait l'unité de la Table de D'Alembert : ce qui accentue le caractère disjoint de ses éléments, c'est qu'elle ne connaît que des noms, sans verbes [C, 179-180 ; 199]. Accumulant des substantifs, elle ne constitue pas un discours et ne raconte aucun récit.

Eudémonique ou ontologie : une étonnante équivalence

La table chrestomathique

Nous ne nous intéresserons qu'à une des trois d'entre elles : la *Table de l'Art et de la Science*. Elle est introduite par une équivalence stupéfiante. L'accolement de la théorie à la pratique est affirmé par l'identification du terme général d'*Eudémonique* qui vient, en grec, du terme *bonheur* ou *félicité*, et qui, après une assez longue explication – rare sous la plume d'un auteur de tableau –, est tenu pour équivalent du terme *Ontologie*, c'est-à-dire de la science de l'être ou de la science des êtres, dont on ne doute pas qu'elle ne se confonde avec la recherche du bien-être, du bonheur. Si étonnante que puisse paraître cette identification, il revient au même de questionner ce que sont les *beings*, les *étants*, et de s'interroger sur le bonheur que ces êtres recherchent et tentent de s'assurer.

C'est même étrangement l'*Eudémonique* qui figure en grosses lettres, supplantant l'ontologie, comme si, plus important encore que d'être [C, 207], le bonheur, d'où nous venons et en vue de quoi nous agissons, en constituait l'essence la plus intime. Que signifie cette affirmation, qui est expliquée dans le tableau même, et qui fait de l'être autant une partie ou une modalité de la félicité que le siège de cette félicité, permettant cet accolement bien étrange, à première vue, de l'être et du bonheur, de l'ontologique et du déontologique ?

Elle signifie d'abord qu'il ne faut pas faire de coupure entre la théorie et la pratique. On est évidemment tenté de situer l'agglomérat *art et science* dans le sillage de ces promotions de l'action, bien connues à la fin du XVIIIe siècle et au début du XIXe, par lesquelles non seulement l'art n'a de sens que par notre action mais aussi ce que nous avons à savoir, qui n'a le sien que par ce que nous construisons. Toutefois Bentham est plus subtil car : que le bonheur et le plaisir aient toujours été choisis par l'auteur comme des équivalents de l'utile – ce qui ne sera jamais une fatalité pour l'utilitarisme – prouve assez que l'activité du bien-être est aussi une façon d'indiquer une certaine passivité, qui est celle de goûter le retentissement de nos actes mêmes et l'écho de leur résultat. Si Bentham met l'accent sur l'*invention* de ce que fait le couple « art et science », il ne rejette pas pour autant totalement qu'il puisse être une « découverte » [C, 188 ; 217]. Il est d'ailleurs difficile de faire du plaisir quelque chose qui serait seulement actif, sans être, en même temps, dans l'action même, le goût qu'elle a.

Le tableau en perspective que Bentham nous livre du savoir et de la technologie

Bentham se fait une idée perspectiviste de l'arbre des arts et des sciences. La science benthamienne n'est pas une science des choses ; elle ne donne pas lieu à un réalisme substantialiste. Elle est compréhension d'une situation à partir de ce qu'elle nous laisse d'informations. Elle est toujours liée à une prise de risque dans les affirmations et les négations qui accompagnent et justifient ce que nous allons faire, faisons ou avons fait avec des connaissances partielles. Mais la technique n'est jamais non plus une sorte d'activisme aveugle qui prendrait la place de la science. Le savoir est une espèce d'entre deux qui prend ses risques dans ce qu'on pourrait appeler un bayesianisme généralisé. La science est une action d'un certain type ; elle est technique ; mais cette technique est un savoir de ce qu'elle fait sur et dans ces choses, et elle doit rendre compte d'elle-même dans les termes d'un savoir. Elle est un savoir qui se réfléchit et qui se fait. Ainsi, le tableau des arts et sciences, parti de l'apparent chaos de ce que nous désignons communément comme des savoirs ou comme des techniques (sous les noms de *géométrie*, d'*arithmétique*, d'*algèbre*, d'*histoire*, etc.), nous permet de remonter comme par étapes ou par degrés vers ce qui les unifie. Ainsi, il faut imaginer le plan de la table chrestomathique comme enfermant toute une suite de plans qui s'enfoncent vers le point de fuite. L'eudémonique est « le *point commun* de réunion de tous les arts et sciences. Changez de métaphore – autrement dit : passez de la perspective à la notion d'*arbre*, ce qui est symboliquement la même chose (parenthèse du traducteur) – et chaque *art*, avec sa *science*

correspondante, est une branche de l'*eudémonique* »
[C, 208]. Elle est l'objet visé par les arts et elle est le
sujet qui met en œuvre les sciences.

L'exigence dichotomique et sa justification

C'est par une succession de divisions binaires,
prises en sens inverse, que nous remontons jusqu'au
point qui les unifie toutes sous le nom d'*eudémonique
ou* d'*ontologie*. Après avoir été trouvés dans leur
apparent désordre et nommés selon cet apparent désordre
(par la langue vernaculaire), les éléments du tableau
apparaissent donc déduits à partir de l'eudémonique par
un nombre plus ou moins grand de bifurcations. C'est
ainsi que, pour prendre un exemple, ayant distingué
dans la partie *somatoscopique* (de l'art et science
qui concerne les corps), la partie *pososcopique* (qui
concerne la quantité) de la partie *poïoscopique* (qui
concerne la qualité), Bentham poursuit la distinction
du *pososcopique* en *pososcopique alégomorphique* et
en *pososcopique morphoscopique ;* l'*art et la science
alégomorphiques* se divisant encore en *gnostosymbolique*
et en *agnostosymbolique*. Dans ce jeu des mots grecs, on
reconnaît, à travers l'*art et la science pososcopiques*,
ce qu'on appelle ordinairement la *mathématique ;* à
travers l'opposition de l'*art et la science pososcopiques*
en *pososcopique alégomorphique* et en *pososcopique
morphoscopique*, on reconnaît respectivement la partie
des mathématiques qui ne considère pas la forme, de
la géométrie, qui, elle, la considère. L'ultime division
de la partie des mathématiques qui ne considère pas la
forme, permet d'entrevoir d'autres divisions à travers
l'opposition qui divise l'*art et la science alégomorphiques*

en *gnostosymbolique* et en *agnostosymbolique* ce que nous appelons ordinairement *arithmétique* et *algèbre*. Autant arithmétique, algèbre, géométrie paraissent comme des continents disjoints, comme c'est le cas dans la table de D'Alembert qui, si fin mathématicien soit-il, ne fait qu'accumuler les parties des mathématiques dans sa Table, autant les désignations benthamiennes, si bizarres soient-elles tant qu'on n'en voit pas le sens, tracent des limites subtiles qui ne pouvaient pas être directement aperçues, même par ceux qui pratiquent les mathématiques.

Il ne s'agit pas, dans l'esprit de Bentham, de remplacer les désignations offertes par la langue vernaculaire, mais de les sous-tendre par le discours conceptuellement mieux élaboré, quitte à faire des concessions aux hirsutismes de la langue familière qui ne choquent plus tant on s'est habitué à eux. Bentham a bien conscience que ce qui pourrait passer pour des pédanteries hellénistiques n'a aucune vocation à se substituer aux désignations des arts et sciences par la langue usuelle : il savait qu'il était plus improbable que l'on fasse un jour de la *pososcopie alégomorphique gnostosymbolique*, que de continuer à faire de l'*arithmétique*, quand bien même la première désignation insérerait plus intelligemment le travail de l'arithmétique que le fait de parler directement et de façon abrupte de la science des nombres. D'ailleurs, en dépit du génie que Bentham a eu d'inventer des néologismes, rares sont ceux qui, mis à part *international*, ont survécu à leur déploiement dans *Chrestomathia* ; et, même lorsqu'ils lui ont survécu, c'est souvent avec un autre sens que celui qu'ils avaient sous sa plume. Tel est le cas de *déontologie*, qui est chez lui la *science du deôn*, *du devoir-être*, et qui est devenue, la plupart du temps, dans les langues européennes, cette partie du droit que les hommes doivent respecter en exerçant certaines professions.

Si Bentham tient tellement à la stricte bisection des nœuds d'arborescence, c'est parce qu'il pense que seul ce moyen permet de n'oublier aucun élément important [C, 278] et que chacun d'eux est énoncé dans la vérité de la relation qu'il entretient avec chacun et tous les autres éléments plutôt que de façon contingente et rencontrée par hasard. *Ou* une chose a tel attribut, *ou* une chose ne l'a pas : par ce procédé, partout reconduit – car ce quelque chose peut encore être autre chose ou ne pas être cette autre chose, etc. –, Bentham pense obtenir la complétude des éléments qui constituent l'intégralité du système des arts et sciences parfaitement reliés les uns aux autres mais qui, aussi, en très peu d'articulations (quatre ou cinq au maximum) posées jusqu'à la division qui convient, rejoint les activités auxquelles se livrent réellement les hommes sous des noms qui ne sont pas déduits par un travail critique.

Les difficultés de la dichotomie

Cette certitude d'avoir couvert l'intégralité d'un territoire grâce à la bifidie bien conduite ne va pas sans difficulté. En bon logicien, Bentham ne pouvait ignorer que, dans une contradiction, une négation n'équivaut pas à une affirmation ; et qu'il n'est pas équivalent, dans un jeu de contradictions, d'opposer, par exemple, l'*alégomorphique* au *morphoscopique*, comme *ce qui ne considère pas la forme* à *ce qui considère la forme*, plutôt que *ce qui considère le nombre* à *ce qui ne considère pas le nombre*. On voit ici le point difficile : en tout lieu de division, il y a en réalité de multiples options possibles et, selon que l'on a choisi de débuter une bifurcation par une caractéristique ou par une autre (que l'on pose ou que l'on nie), on n'obtient pas des bifurcations équivalentes ; le reste des bifurcations ne se décline pas de la même façon, selon que l'on a fait ressortir le *nombre* comme élément déterminant ou la *forme*, comme c'est le cas dans la Table chrestomathique. Son auteur donne à la table une inflexion qui accorde un certain primat à la géométrie, transformant l'arithmétique en une sorte de non-géométrie : ce qui est au moins aussi discutable que s'il avait choisi l'option inverse. Ne critique-t-il d'ailleurs pas lui-même, au moins en filigrane, cette option, lorsque, dans l'Appendice VIII, il déplore que les schèmes de la probabilité se servent de la géométrie, mal appropriée à leur dessein ? En d'autres termes, le jeu des positions et des négations reste presque aussi arbitraire que lorsqu'on trouve les savoirs distribués les uns à côté des autres ; simplement, cet arbitraire, parce qu'il prend des allures de déductions et permet des déductions, est gommé et rendu invisible. Bentham a beau tenter de le dissimuler : il ne se démarque guère, en des points décisifs, de l'intuitionnisme qu'il accable sur le terrain éthique.

Quelques autres contradictions de la Table chrestomathique

Ce type de contradictions logiques n'est pas le seul. L'éthique, laquelle est aussi profonde dans son tableau que l'ontologie, et se trouve en quelque sorte monnayée à chaque nœud et à chaque bifurcation où elle se diffuse sur l'ensemble des divisions comme leur raison profonde, est aussi une des divisions voire un ensemble de divisions cantonné dans un lieu du tableau. Est-il cohérent que l'éthique puisse figurer à la fois comme la raison d'un tout et comme un des éléments de ce tout ? En d'autres termes, l'éthique peut-elle être à la fois au départ du tableau, au principe de tous ses éléments, et à son arrivée, comme un de ses éléments ?

La place de la religion est éclipsée. Cette position de Bentham à l'égard de la religion est surprenante si on la compare à celle même des auteurs de l'*Encyclopédie* qui, peut-être par calcul, n'ont pas oublié de l'introduire dans la partie centrale de leur tableau, lequel n'omet pas de faire – ô ironie – une place à la magie noire dans la sous-rubrique *religion* de la rubrique *raison*. Certes Bentham s'en est expliqué *d'abord* en séparant ce qu'une école doit publiquement enseigner de ce qui est strictement l'affaire de la famille et des proches ; *l'autre argument* étant que la théologie contient trop de points de controverse pour être enseignée [C, 102].

Cette exclusion de la religion hors des limites de la Table chrestomathique est liée à un acte qui a des conséquences plus importantes encore. N'est-ce pas une division importante que celle du développement des arts et sciences pour développer le bien-être des étants, mais aussi pour faire, au nom même de ce bien, le plus de mal possible à d'autres étants qui seraient mal disposés à l'égard des premiers ? Il semble que, connaissant les travaux de Bentham sur la guerre et les relations internationales, nous puissions affirmer que la Table chrestomathique ait fonctionné avec un interdit fondamental, comme s'il n'y avait rien au-delà de l'horizon du bien-être. Dissimuler l'envers du bien-être en faisant monter très haut la limite de l'horizon de telle sorte que ce bien-être ne paraisse pas avoir d'au-delà, et ne permette aucune place aux maux qui peuvent être voulus par certains arts et sciences : en excluant tout au-delà du principe de plaisir, Bentham peut bien faire une place aux relations internationales à l'intérieur de l'éthique, mais il ne fait alors aucune place à la guerre dont les rapports avec les techniques peuvent difficilement être passés sous silence. N'avaient-ils été maintes fois soulignés en des sens très différents par Rousseau, par Voltaire, par Condorcet, par l'abbé de Saint-Pierre, par Kant, par Fichte, par Hegel ? Même si les *Écrits sur le droit international et la guerre* sont restés quelque peu en friches, ils ne laissent toutefois pas d'être fondamentaux dans l'économie de sa philosophie et de soutenir, sur une ligne voltairienne, que « tout commerce est par essence avantageux; même au parti auquel il l'est le moins. Toute guerre est par essence ruineuse : et pourtant les gouvernements s'emploient principalement à semer les germes de la guerre et à mettre des entraves au commerce » [EDI, 127]. On n'est pas loin, avec la guerre, du mal absolu. La pensée des auteurs précités n'a pas été aussi développée qu'on aurait pu s'y attendre par la Table chrestomathique et *Chrestomathia*.

On ne voit pas trop non plus où l'on pourrait situer les châtiments et autres douleurs qui certes ne sont pas sans relation aux plaisirs, mais qui auraient pu être pris en compte en continuant en sens inverse les ramifications de l'arbre qui nous est présenté. Que le plaisir n'ait pas d'au-delà, que l'on décide de ne faire aucune place au mal et à la douleur fait problème dans ce tableau, celui-ci eût-il par ailleurs d'incomparables vertus.

Enfin, ce qui est extravagant et paradoxal au-delà de toutes limites, c'est que cette généralisation de la dépendance de toutes les activités humaines à l'égard du plaisir n'a guère profité aux beaux-arts, qui ne donnent lieu qu'à un nombre infime de remarques dans une œuvre pourtant immense.

RATIONALE OF JUDICIAL EVIDENCE (1822)

Une théorie de la preuve

Quand j'ai demandé pour la première fois, il y a trente ans, à la Bibliothèque nationale les cinq volumes du *Rationale*, il m'a fallu, à ma grande surprise, demander aux bibliothécaires d'en faire découper la plupart des feuillets : en deux siècles, aucun chercheur venu de quelque point de France ou du monde à Paris pour y mener quelque recherche sur la preuve en droit n'avait lu *in extenso* l'ouvrage entre les murs de cette grande bibliothèque. Et pourtant, l'originalité des recherches de ces 3000 pages, l'inattendu des résultats qu'elles obtiennent, leur écriture qui mêle à la rédaction de Bentham, censé être leur auteur, celle de l'éditeur qui rédige des notes et parfois reconstitue ou reconstruit des chapitres entiers à partir de brouillons laissés par le concepteur, permettent de tenir cet ouvrage publié à Londres, chez Hunt et Clarke, après avoir été travaillé une dizaine d'années (de 1802 à 1812), pour un joyau de la littérature juridique et philosophique dont bon nombre d'aperçus font rupture avec l'âge classique et les Lumières. Le thème du livre est de se demander, en prenant appui sur les procès de justice comme terrain favori, ce qui constitue la nature de la *force probatoire* <*probative force*> des arguments avancés par les accusés, les plaignants et leurs avocats dans la constitution d'une preuve efficace aux yeux d'un juge. *Evidence* signifie *preuve* à côté de *proof*. Bentham montre comment une *masse* d'arguments se transforme en *force – strength* ou *force – quand* on la fait graviter autour du personnage du juge, situé au centre du « panoptique juridique ». Pour constituer ce panoptique, il faut comprendre deux choses : en quoi consiste la rationalité des témoignages ; et le sens qu'il faut donner aux probabilités.

La rationalité des témoignages

La matière même des procès de justice consiste en témoignages. Sans doute, au procès, est-il possible de convier des témoins qui ont parfois été des témoins directs, mais le juge et ceux qui sont présents pour l'assister dans son verdict n'ont jamais été les témoins directs du fait qui va les conduire à décider si l'inculpé est coupable ou ne l'est pas. C'est à travers des récits, parfois convergents, parfois contradictoires entre eux, que se constitue le fait qui est définitivement passé et qui, à jamais, n'existe plus s'il a pu exister.

Sans doute existe-t-il, rarement, des preuves directes ; et quand elles existent, elles ne le restent pas longtemps, puisque ce qui est vu ou entendu devient presque aussitôt souvenir, d'abord proche puis de plus en plus lointain, de ce qui a été vu ou entendu ; ces preuves directes sont fugitives : il faut un récit pour les porter et les vivifier ; bref : prouver sa preuve, chercher des éléments probants pour la chose à prouver, prendre un fait pour se rapporter à un autre fait, à la façon dont on use d'un signifiant pour se rapporter à un signifié. Du coup, pour prouver un fait, celui qui aimante tout le processus des preuves, il faut produire et collecter d'autres faits, soit aussi volatils que lui, soit un peu plus stables, mais toujours indirects. Et indirects à plusieurs degrés, c'est-à-dire se rapportant les uns aux autres – comme des preuves de preuves [R, III, 554] – en une construction qui, avec l'intention de se renforcer, risque parfois, par cette accumulation de médiations, de s'étioler.

Il en résulte deux conséquences. La *première* – et la plus évidente – est que le régime de vérité d'un témoignage ne saurait être le même que celui d'une preuve directe. La vérité d'un témoignage ne peut plus se rapporter directement au fait sans faire un détour par la valeur intrinsèque du témoignage, le *verum* n'étant plus alors *adaequatio rei et intellectu*, mais *index sui* dont le rapport à l'objet, posé dans sa transcendance, fait problème. Ou, plus exactement, l'adéquation du discours à la chose ou de l'intelligence à la chose est inférée à partir de récits dont il faut apprécier la valeur. C'est de l'appréciation de leur valeur intrinsèque que les discours vont gagner, par leur concours, l'équivalent d'une transcendance, d'une sortie hors d'eux-mêmes vers la chose, comme s'il se fût agi d'un discours sur la chose elle-même ; alors que l'on sait pertinemment que la chose n'est pas possible.

> La preuve est le fondement dont nous disposons pour établir la vérité des propositions dont nous sommes le moins assurés : la simple preuve est le fondement dont nous disposons pour les faits dont nous prenons sur nous de parler de l'existence ou de l'inexistence avec la plus grande confiance. Ce qu'il y a de réel dans les idées exprimées par des mots tels que *impossibilité*, *nécessité*, *certitude*, est, comme nous l'avons observé, non pas une propriété contenue dans les choses, dans les faits eux-mêmes, mais seulement le degré de persuasion dont s'accompagne l'opinion que nous concevons en rapport avec ces faits. Celui qui, en usant de l'une de ces expressions de confiance, se figurerait ajouter quelque force supplémentaire aux fondements de la

persuasion ou quelque degré de sécurité supplémentaire à l'universalité de son assentiment se trouverait en mesure de répondre à la question posée par l'Écriture [Matt. VI, 27] : "qui de vous, en s'inquiétant, peut ajouter à sa taille un seul pouce?" [R, III, 271, note].

Le problème n'est pas d'avoir vu : il est sûr que ceux qui statuent sur une culpabilité, sur la détermination d'une peine ou sur une innocence, n'ont jamais été témoins directs des faits qui occasionnent la décision; mais il est celui du crédit que l'on peut accorder au récit du témoin qui prétend avoir vu. Peut-on faire confiance au témoin? Tel témoin est-il plus fiable que tel autre quand l'un rapporte autre chose que l'autre? Est-il plus raisonnable, moins passionné, plus instruit, moins partial? Ce qu'il dit est-il davantage conforme aux lois généralement admises comme étant celles de la nature que ce que dit celui qui s'oppose à lui? Contient-il des contradictions internes? Des impossibilités? De fortes improbabilités? Est-il poussé par l'intérêt à dire ce qu'il dit? N'est-ce pas la haine de l'accusé qui l'inspire? L'horreur des faits ne porte-t-elle pas à projeter la culpabilité sur un auteur, quel qu'il soit, pourvu qu'il y ait un coupable? Bref on voit que, si toutes ces considérations ont un rapport, plus ou moins lointain mais indispensable, avec le fait qu'il s'agit de juger, aucune n'est en rapport direct avec le fait; aucune ne peut se substituer à lui et il est entièrement à (re)construire.

Les yeux du juge sont les yeux des témoins [R, I, 251]; plus exactement, c'est son imagination qui, sous le contrôle critique de son entendement et de sa volonté, fantasme ce qu'il n'a pas pu voir, reconstitue l'équivalent d'une scène complète à partir de ce qui lui est livré en fragments et selon des perspectives dont la limitation est plus indépassable encore que celle du percevant ordinaire qui se projette de toutes sortes de façons dans le spectacle environnant et qui a toujours l'illusion de se figurer savoir comment il verrait les choses s'il était situé en un autre point pour les voir. Le juge doit se contenter de ce qu'on lui dit et de ce qu'il recueille ou arrache par le discours. Ce qui ne veut pas dire que le juge soit plus mal placé que le percevant d'un spectacle ordinaire pour décider de ce qu'il voit. Celui qui, à loisir, peut saturer sa perception de points de vue qu'il pourrait prendre, peut être victime d'illusions plus graves encore que celles du juge dont la vision globale est un archipel sporadique de visions partielles et une construction dont il n'est pas dupe, d'autant que, pour peser ce qu'on lui dit avoir vu, il faut toujours faire contrepoids avec la possibilité que d'autres aient vu tout autre chose ou quelque chose d'incompatible avec la prétention d'avoir vu.

La critique de Craig

La *seconde conséquence* tient dans une critique de Craig, de Locke et de Hume. On a répété, tout le long du XVIIIe siècle, puisque Craig en a construit une loi, reprise ou peut-être inspirée – je ne sais – par Locke qui est l'un des premiers grands philosophes des probabilités que la valeur des témoignages tendait inexorablement vers un amenuisement jusqu'à une perte totale de vérité. Par une sorte de préjugé sensualiste, on estimait que le maximum de vivacité se trouvait dans la contemporanéité avec l'événement auquel le premier témoin avait assisté, et que le passage de témoins en témoins, surtout par voie orale – puisque la voie écrite ralentissait un peu le processus –, quand bien même il eût été effectué, à chaque fois, avec le même degré de fiabilité, et quand bien même ce degré fût élevé, connaissait un affaiblissement inéluctable de valeur. Même si Bentham paraît reprendre à son compte cette loi [R, I, 68 ; R, III, 229], il ne le fait pas sans la relativiser radicalement [R, III, 250] – allant jusqu'à soutenir que, dans certains cas, la probabilité d'une preuve circonstancielle peut être supérieure à la probabilité d'une preuve directe [R, III, 255] – ni sans lui infliger une critique décisive inspirée de la théorie berkeleyenne de la perception : la perception est, elle aussi, pleine d'illusions et la position d'objets hors des impressions que nous en avons est la principale d'entre elles. « Une simple perfection est une opération des sens ; l'inférence est une opération du jugement. Mais, en regardant ce qui se passe le plus constamment pour le sens le plus sollicité de tous, c'est-à-dire la vue, il est rare qu'une croyance touchant quelque question de fait se produise sans que le jugement n'ait été plus ou moins à l'œuvre dans sa production. (Voyez l'*Essay towards a new Theory of Vision* de Berkeley) » [R, III, 255]. En particulier : l'existence d'une réalité transcendante d'objets au-delà de nos sensations ou de nos impressions est usurpée et elle n'est pas plus sûre que ne sont certains des récits que nous en faisons, en accumulant leurs strates comme autant de niveaux de fiction. L'inférence des faits comme s'ils étaient des choses existant au-delà des perceptions que nous en avons ne peut guère gagner un autre statut que celui d'une fiction. Dès lors, pourquoi l'observation dite « directe » serait-elle plus fiable et devrait-elle jouir de plus de réalité que les inférences des preuves dites « circonstancielles » ? Est-elle une preuve moins inférentielle pour se croire plus immédiate que les preuves qui se donnent d'emblée comme inférentielles ?

La distinction des preuves directes et indirectes risque alors d'être plus rhétorique que réelle, en dépit d'un certain nombre de déclarations de Bentham lui-même.

Caractéristiques des preuves en droit

En droit, comme partout ailleurs où il s'agit de prouver, les preuves tiennent au langage. Et leurs forces jouent entre elles au moins de trois façons dans le *Rationale* : il y a celles qui lient les mots les uns aux autres (celles de la syntaxe ou celles de la grammaticalisation); celles qui paraissent propulser le langage vers des objets qui lui sont transcendants; celles enfin qui, s'appuyant sur les deux précédentes, mais sans rien leur devoir d'autre que des conditions de possibilité, sont de nature logique. Ainsi, pour distribuer des arguments du point de vue du juge, il faut travailler le langage de plusieurs façons; dans une phrase qui rappelle une de celles qui introduisaient au travail des fictions, Bentham remarque que « c'est dans le langage et dans le langage seul que le catalogue des faits universellement censés être incroyables a coutume de s'exprimer » [R, III, 277]. Tout particulièrement à propos du témoignage, Bentham analyse les modes linguistiques et logiques complexes et composites selon lesquels il est avancé pour accuser ou pour se défendre. Tels sont l'interrogatoire, le contre-interrogatoire, au cours desquels on peut faire que celui qui leur est soumis se rappelle des événements, confesse son implication partielle ou entière dans un fait, avoue sa faute ou son crime, jure qu'il n'est pas impliqué dans telle ou telle affaire, invoque un alibi, se montre convaincant ou hésitant. Certes, tous ces actes sont des actes du langage qui ne sauraient être envisagés sans lui, mais il serait très insuffisant de s'en tenir là parce que le langage dans une confession, un aveu, un alibi, n'a de sens que dans des circonstances données dont chacune des classes où on les situe a sa structure : le rapport au fait, ce qu'on imagine su par les autorités policières ou administratives, la façon dont on va avancer le discours, les raisons psychologiques qui poussent à pratiquer de cette façon plutôt que de telle autre, la psychologie que l'on imagine être celle de l'interrogateur, celle que l'interrogateur imagine de celui qu'il interroge. Une analyse de l'alibi montrerait même que, outre les raisons psychologiques qui peuvent jouer en tous sens, parfois en tenant compte d'éléments qui n'ont rien de rationnel, une grande partie de son efficacité tient à ce qu'il s'arc-boute sur des considérations physiques. Si je parviens, par exemple, à montrer que j'étais très éloigné du point auprès duquel, à telle heure, je suis censé avoir commis un délit, je puis, par là, convaincre de mon innocence. Le droit n'a jamais affaire à des actes qui seraient purement logiques ou purement linguistiques ; ces actes, même s'ils établissent une commensurabilité entre tous les autres, sont nécessairement impurs, mêlés de calculs, de physique, de psychologie, de moralité, de considérations éthiques, de valeurs de toutes sortes, extrêmement variables et dont l'enquêteur n'a parfois aucune idée ni aucune expérience propres. Ce qui fait toute la difficulté du rapport de ces actes au langage : les preuves sont à la fois constamment tendues vers des faits extérieurs et n'obéissent qu'à une loi interne, celle de la recherche de ce qui s'est passé au niveau du fait qui est censé donner lieu au jugement.

Parmi les éléments rendus possibles par le langage mais dont le fonctionnement transcende le langage, on trouve, en bonne place, les probabilités dont Bentham veut introduire le calcul dans les considérations de justice.

Un remarquable penseur de la probabilité

Même si Bentham se montre parfois sceptique sur la possibilité d'utiliser les mathématiques pour assigner des degrés à la persuasion et pour les rapporter à une échelle qui peut en comporter une infinité, alors qu'il est le plus souvent impossible d'expliquer, même à grands traits pourquoi tel témoignage est plus convaincant que tel autre et absolument impossible de dire dans quelle mesure il l'est [R, I, 136-7], il n'en est pas moins fondamentalement « bayesien » par plusieurs traits.

D'abord parce qu'il reconnaît que les mathématiques seraient les seules habilitées à mesurer la persuasion, encore qu'elles n'y parviennent pas dans les faits [R, I, 90], lesquels contraignent à s'en tenir à la langue vernaculaire [R, I, 89, 92] et à parler, comme Heineccius et de façon très proche de Leibniz, de preuves « 1. Full. – 2. More than half-full. – 3. Half-full. – 4. Less than half-full ». *Ensuite,* parce que son « subjectivisme » dans les questions de probabilités est radical. Quand la tentation de rapporter les probabilités aux choses serait grande, elle n'en serait pas moins une illusion. Bentham en donne une preuve décisive en affirmant que les choses sont ou ne sont pas, mais qu'il ne peut y avoir de degrés entre l'existence d'une chose et son inexistence ; or la probabilité admet cette infinité de degrés : elle ne saurait donc qualifier directement les choses [R, III, 362-3] et elle ne peut concerner qu'un esprit ou des esprits qui engagent des paris <*wagers*> [R, III, 370 ; voir aussi : I, 71], lorsqu'ils évaluent les chances qu'une action réussisse dans une situation donnée. Ainsi, Bentham, qui traite la probabilité comme un savoir pratique [R, III, 351] dans le même sens où Platon et Aristote parlaient d'*orthodoxa*, considère la probabilité dans un rapport tripartite entre quelque but que l'on s'assigne, la marge de manœuvre que l'on se donne pour l'atteindre, et ce qu'on pourrait appeler la sanction des choses, qui est rarement immédiate et que l'on ne connaîtra que plus tard. Toute la subtilité de la règle de Bayes réside dans la tension entre la liberté d'agir que l'on s'accorde en prenant des risques et les chances plus ou moins grandes d'avoir raison ou d'avoir eu raison en les prenant. Bentham souligne ce lien quand il dit, à sa façon, que c'est la force probatoire qui probabilise le fait. On comprend que la responsabilité du décideur soit au cœur du système, que cette responsabilité ouvre constamment la possibilité, pour ce décideur, d'être puni pour ce qu'il a mal fait, mais aussi que cette responsabilité doive être protégée, c'est-à-dire estimée dans les conditions mêmes où elle s'est exercée et non pas compte tenu des faits qui se seront développés par la suite. Il serait injuste que le décideur soit systématiquement puni en cas d'échec et exagérément encensé en cas de succès.

Ainsi, quand bien même Bentham pense que le droit ne dépassera pas la symbolique de la langue vernaculaire, qu'il n'a pas lieu d'aller jusqu'à une mathématisation plus poussée, la structure bayesienne de l'argumentation n'en demeure pas moins [R, III, 219]. Avec la probabilité, qu'elle soit commune ou sophistiquée, on n'a jamais affaire qu'à un être qui n'existe, non pas que dans le langage, mais que par le langage et qui n'a pas même le vis-à-vis que peuvent avoir les mots « arbre » ou « maison », lesquels, une fois désignés, semblent avoir une existence propre, indépendante du mot. On parle de *fiction* dans le cas de la probabilité, non pas pour la dénoncer comme fallacieuse, mais pour cette raison même que la notion ne peut absolument pas se soutenir sans mots. Toutefois, quand on dit d'un événement qu'il est impossible ou improbable, ou de tel ou tel degré de probabilité, ou certain, ou nécessaire, on ne peut pas tirer ces qualificatifs uniquement du langage, mais d'actes qui répondent à quatre autres traits, que Bentham partage avec le bayesianisme.

Le *premier* est de situer l'action dans un encadrement au-delà duquel on sur-évaluerait l'importance d'un témoignage ou, en deçà duquel on la sous-évaluerait [R, III, 227-229]. Certes, on prend toujours des risques en évaluant un témoignage puisque jamais le réel ne nous offrira la possibilité d'une confrontation qui nous donnera raison ou tort; du moins, au moment où l'on prend sa décision, il est généralement impossible d'avoir ce loisir. Il nous importe donc de prendre des risques en sachant les évaluer. Avec, dans les procès de justice, la difficulté particulière, qu'on ne rencontre pas toujours ailleurs, que la victime d'une prise de risque ne saurait avoir donné son assentiment alors qu'elle a pu le faire en médecine, dans une affaire commerciale et dans de multiples autres occasions. Qui accepterait d'être puni pour une faute qu'il n'a pas commise? Il est bon de rappeler ici que cette question, qui contient sa réponse, est la raison profonde qui fait que Bentham est résolument hostile à la peine de mort, la plus irréparable des peines.

Le *second* est que la nécessité où l'on est de prendre des décisions ne laisse pas le loisir de rester passif. Rester passif est encore décider, mais de la pire manière puisqu'on laisse les autres décider à sa place. C'est pourquoi il faut, en toute action, non seulement regarder ce qui peut se passer si l'on agit, mais encore ce qui se passerait si on n'agissait pas. Il faut toujours regarder les faits à l'endroit et à l'envers : le même fait peut être rendu plausible avec quelque degré de probabilité, mais il faut en même temps tenir compte de ce qui le « déprobabilise » et faire ainsi le calcul [R, III, 12].

Le *troisième* tient dans la nécessité de prendre en compte *tous* les éléments dont on dispose pour décider dans des circonstances données, sans en laisser aucun de côté, pourvu qu'ils soient tous intelligemment pris en compte, critiqués, soupesés dans la décision. Certes, quand une décision est prise à un moment où il est impossible de savoir tel ou tel élément important, mais où il faut tout de même qu'elle soit prise, on ne saurait tenir grief au décideur – au juge, en particulier – d'avoir pris sa décision sans le connaître, mais il est possible de lui reprocher de n'avoir pas pris en compte, s'il se trompe dans son évaluation, tel élément qu'il aurait pu connaître. C'est pourquoi Bentham est radicalement hostile au système juridique dans lequel on écarterait tel ou tel témoignage qui pourrait être éclairant sous prétexte que le témoin qui le rapporte a des liens d'amitié, de famille, d'affaire, d'intérêt, avec l'inculpé [R, III, 361]. C'est à l'évaluateur de prêter la plus grande attention à cet aspect des choses au moment de le peser ; mais il serait absurde de négliger par principe des témoignages sous prétexte qu'ils sont intéressés. Le calcul des autres témoignages en serait irrémédiablement gâché ; et la décision qui en résulte, absolument faussée.

Les positions tranchées de la morale sont dangereuses en ce qu'elles ne font aucun cas des degrés de probabilité, là où il est absolument nécessaire d'en tenir compte. Il en va de même des positions qui se croient prudentes parce qu'elles refusent les conséquences d'une action qui peut mal tourner, faute de peser celles qui résulteraient de ne rien faire et qui pourraient être pires. Il est des précautions plus désastreuses que des décisions audacieuses. Il est vrai que le droit, surtout dans sa partie judiciaire, ne peut se permettre les audaces que d'autres disciplines peuvent s'offrir avec moins de scrupules ; mais, si l'on croyait, par exemple, que soumettre quelqu'un à un interrogatoire fausse ses souvenirs, il faudrait immédiatement ajouter que, si ces souvenirs manquaient à son témoignage, ce déficit risquerait d'être plus mensonger encore [R, II, 39].

Le *quatrième* consiste à se garder de passer de considérations générales à des cas particuliers et à ne jamais perdre de vue la particularité ou la singularité des cas que l'on prend en compte [R, III, 383-384]. Bernoulli avait déjà donné ce conseil de prudence dans la quatrième des Règles ou Axiomes généraux de la quatrième partie de l'*Ars conjectandi* ; par un examen mathématique, Bayes l'a poussé jusqu'à en faire une règle de calcul : 4/5 d'un grand nombre de cas d'individus auxquels dans une situation donnée, il arrive telle issue, tandis que l'issue contraire arrive au cinquième restant, n'équivalent pas à quatre chances sur cinq pour tel individu, pris au hasard, de partager le sort des 4/5 du grand nombre, en dépit de l'illusion qu'on en peut avoir. En d'autres termes, il faut se garder de croire que les statistiques, si précieuses soient-elles, donnent directement les chances de ce qui peut arriver à un individu. Cette erreur mathématique, si facile à commettre par ceux qui ne sont pas attentifs à la spécificité des problèmes inverses et précisément au travail de Bayes, risque d'intimer de graves fautes d'éthique.

Il faut enfin compléter cette esquisse par une *dernière remarque* sur la « *verity* » des preuves. Certes, il ne saurait s'agir d'une vérité de conformité ; ce qui rendrait absurde le déploiement de calculs, même approximatifs, de probabilité. À la différence d'un bon nombre de ses contemporains, Bentham ne s'est jamais satisfait d'une condamnabilité pour établir une culpabilité et prononcer la peine correspondante. Même si la procédure est un axe essentiel du droit, le système juridique deviendrait pervers s'il en venait à se préférer lui-même à l'utilité des justiciables : Bentham juge inacceptable cette préférence. C'est pourquoi, la *verity* étant elle-même *index sui*, le principe est que, à tout témoignage, doit s'opposer un contre-témoignage ; à toute expertise, une contre-expertise ; à tout interrogatoire, un contre-interrogatoire [R, III, 643-4] ; et que, si les éléments dont on dispose à un moment donné inclinent à la probabilité d'une culpabilité ou d'une innocence, c'est sous condition que le dossier puisse être réouvert et que puisse être changée leur appréciation. La clé de cette attitude se trouve dans une réflexion sur la force probatoire que nous avons désormais les moyens de penser.

Essai de définition de la force probatoire

Comme l'espace, comme le temps, comme la probabilité, la force – qu'elle soit physique ou probatoire – ne consiste qu'en relations ; elle n'existe pas en soi. Un argument ou un raisonnement ne détiennent pas en soi de *force probatoire* ; ils ne la détiennent que relativement à d'autres arguments ou à d'autres raisonnements. Comme en physique, elle ne prend son sens qu'à titre de fiction, dans un discours. Comme en physique aussi – Hume l'avait bien fait ressortir pour cette dernière science –, les forces que l'on place sous ce même mot de « *force* » ou de « *strength* », sont, en réalité, en dynamique psychique, aussi diverses et disparates qu'elles le sont en philosophie naturelle.

Ainsi, comme en physique newtonienne ou leibnizienne, la *masse* se distingue de la *force*. La *masse* est un amalgame d'éléments ou d'articles ; certes, il faut, pour que cet amalgame ait un sens, leur trouver une homogénéité, fussent-ils hétérogènes les uns par rapport aux autres sous d'autres aspects. Il faut que les éléments soient réunis par un rapport à l'affaire et que l'affaire ait des contours de telle sorte que l'on ait conscience de ce qui en fait partie et de ce qui n'en fait pas partie. À vrai dire, il est moins important que cet amalgame qu'est la masse probante prenne sens à partir du juge ou à partir de quiconque s'intéresse à l'affaire pour participer même indirectement à la décision, que lorsqu'il s'agit de la considération des *forces*. C'est seulement lorsque le mot acquiert une force qu'il se distingue d'autres mots, prend un sens et une fonction syntaxique différenciés parmi d'autres mots dont il se distingue et auxquels il s'oppose. Et cette fois, chaque élément d'une preuve qui vise la culpabilité ou la non-culpabilité d'un acte est lié à une dynamique qui sollicite la subjectivité du juge [R, III, 223, note]. Il est essentiel à la *force probatoire* qu'elle soit distribuée par rapport au juge qui assigne à chacun de ses constituants une proximité ou un éloignement différenciés et, à chaque fois, une intensité particulière. À la différence de la somme qui donne lieu au repérage d'une masse probatoire, laquelle est de nature arithmétique, la somme des éléments qui donnent lieu au repérage des forces est une intégrale qui différencie les éléments qu'elle somme et connaît leur ordre dans une gravitation autour d'un centre occupé par le juge [R, I, 26; voir aussi R, I, 26, 260-2611; III, 12, 329]; il importe que l'un des foyers de l'édifice procédural d'un jugement soit l'affaire de celui qui décide. C'est par le jeu des forces que la masse se cohère; par cette gravitation des éléments autour de ce foyer qu'il occupe, ils gagnent la cohérence qui permet de leur attribuer une masse [R, III, 251]. D'ailleurs, il arrive à Bentham de dire qu'une fois cet édifice dynamique constitué, la décision est quasiment prise : « Quand l'opinion est formée, la décision s'ensuit; et une minute ou deux, un mot, une ligne ou deux suffisent pour la prononcer » [R, II, 128]. La force des preuves et leur fiabilité <*trustworthiness*> [R, III, 422; voir aussi R, III, 359] sont corrélatives. Une preuve est forte lorsqu'elle est fiable, c'est-à-dire non pas quand elle est au maximum de ce que l'on rêverait d'obtenir [R, I, 59-60], mais lorsqu'on est conscient de son degré de probabilité, du rapport qu'elle entretient avec les autres preuves et de sa relation avec ce qu'il s'agit au bout du compte d'établir [R, III, 219]; bref quand on sait à quoi s'en tenir à son égard. Elle n'a donc pas de valeur en soi, mais elle prend sa valeur dans une action de justice et elle changerait d'importance si elle devait faire partie d'une autre affaire ou si l'affaire devait prendre une autre tournure. La force probatoire est liée à ce pouvoir technique que nous avons de l'utiliser dans une direction ou dans une autre, dans un sens ou dans un autre. Une force peut être dévoyée par le biais <*bias*> d'autres forces qui la dévient de la trajectoire qu'elle aurait dû suivre [R, I, 65-6]. Ces autres forces peuvent, *soit* s'associer à la force principale, de telle sorte qu'elles viennent se composer avec cette dernière et changent son intensité et sa direction. *Soit*, la direction restant la même pour les forces considérées, leur opposition de sens est telle que la force principale se voit seulement érodée [R, III, 221]. C'est le moment des alibis, des témoignages contraires à celui qui est globalement accablant ou qui est globalement disculpant. Défenseur de la loi dans des conditions de transgression voire d'attaque, le juge est dans la position de toujours pouvoir « former la même estimation de la force probatoire de la preuve que celle que le législateur ferait s'il lui était possible de faire une estimation de celle-ci » [R, I, 72].

Conclusion

De la même façon que R. M. Hare aimera opposer des personnages à des moments-clés de son raisonnement, comme l'*archange* et le *prolo* dans *Moral Thinking*, on voit les éditeurs du premier volume du *Rationale*, Hunt et Clarke, opposer le *sage* et l'*imprudent*, the *wise* and the *foolish*, à propos du projet benthamien de demander aux témoins d'évaluer par des chiffres le degré de persuasion qu'ils ont dans leur témoignage. Ils citent Dumont qui, dans sa version du *Traité des Preuves Judiciaires*, avait présenté le projet en ces termes : « Si on adoptait cette échelle, je craindrais que l'autorité du témoignage ne fût souvent en raison inverse de la sagesse des témoins. Les hommes réservés, ceux qui savent douter, aimeraient mieux, en plusieurs cas, se placer aux numéros inférieurs qu'au plus haut, tandis que ceux qui ont une disposition affirmative et présomptueuse, et surtout les hommes passionnés, croiraient presque se faire injure à eux-mêmes s'ils ne se portaient pas tout de suite au degré supérieur. Ainsi, les hommes les plus sages tendant à diminuer leur pouvoir, leur influence sur la décision du juge, et les moins sages tendant à l'augmenter, il pourrait résulter de cette échelle un effet contraire à celui qui est attendu par l'auteur » [R, I, 107]. Comme s'il s'agissait pour le juge de prendre pour argent comptant le chiffrage assigné à leurs témoignages respectifs du sage et de l'imprudent ! N'est-il pas possible au juge de faire une correction de l'exagération de prudence et de l'excessive imprudence ? Le refus des degrés sous prétexte qu'on peut les exagérer ou les sous-estimer n'est-il pas pire que ces exagérations en *hyper* et en *hypo* elles-mêmes ? En empêchant le jeu des probabilités, ne devient-il pas, sous prétexte de précaution, l'un des principes les plus faux qui soient ?

LES *DÉLITS RELIGIEUX* (ANNÉES 1780)
À *NOT PAUL, BUT JESUS* (1823)

L'évolution benthamienne

Les *Délits Religieux* et l'*Introduction aux Principes de la Morale et de la Législation*

L'écrivain Bentham est parti d'une irréligion de type humien ou voltairien. Cette attitude est très visible dans les *Délits religieux*, écrits dans les années 1780 dans un français, souvent fautif dans les tournures grammaticales, mais qui permet aussi souvent un travail précis des concepts. Comme chez les philosophes des Lumières, de l'Enlightenment, de l'Aufklärung, c'est encore au nom de la vérité et de ce qu'on peut savoir sur l'au-delà de la mort que la religion est mise en cause (§ 58, 59) et que sont appréciées les craintes qui en résultent absurdement. Mais, déjà, on voit, dans ce premier travail, deux thèmes importants se dessiner. Le thème politique est mis en avant de deux façons. Ce n'est pas pour rien que Bentham donne le titre de *Délits religieux* à son texte. La religion ne punit pas les mêmes crimes que l'État ; elle ne voit pas les crimes au même endroit et ne les classe pas de la même façon [IPML, 245]. Les religions peuvent imaginer et transmettre l'imagination qu'il existe une rémission des péchés, là où les États s'évertuent à punir les fautes et les transgressions de telle sorte que nul délinquant ne soit tenté de les reproduire et que les délinquants potentiels perdent toute intention d'y recourir. Elles prennent alors parfois le contrepied de ce pour quoi les États sont en place et elles se mesurent à leur souveraineté. Ce n'est toutefois pas parce qu'un acte a des motivations religieuses que son dommage social, s'il a lieu, s'en trouve diminué [IPML, 189, note n]. Il y a plus et c'est le second thème que l'on trouve déjà dans la philosophie de Hobbes : les religieux peuvent exercer un pouvoir sur les imaginations en se servant de la peur d'un au-delà qu'ils feignent de connaître mieux que les autres. C'est très exactement le mécanisme des fictions : on peut s'assurer indirectement le pouvoir que l'on ne peut pas acquérir directement et, par là, contourner la Souveraineté politique. L'habileté est que l'on peut feindre l'humilité d'un second rang, paraître s'accommoder de son abaissement voire le justifier, et viser tout de même la suprématie.

La critique de l'Anglicanisme ou du Church-of-Englandism.

La critique que l'on trouve dans *Church-of-Englandism and its Catechism examined* (1818) de l'anglicanisme – désigné ironiquement dans le titre – et du catéchisme qui l'accompagne s'attaque à d'autres aspects de la politique anglicane et, à travers elle, à toutes les politiques des religions du livre : elles manipulent le livre sur lequel elles se fondent, en restructurant radicalement les découpages, en le fragmentant en petits morceaux, en changeant le temps des verbes qui, de passé, devient présent, en les sortant des contextes des récits qui leur donnent sens pour en constituer d'autres. Le religieux transforme les récits qui racontent une histoire en discours du pouvoir, s'inscrivant dans le langage pour donner des devoirs et des ordres. S'ils ont échappé au lavement de pieds, qui eût été un sacrement trop humiliant pour l'officiant, les fidèles n'ont pas échappé à la sublimation de l'eucharistie que le Christ n'avait jamais envisagée comme une sorte de devoir sacré du chrétien, mais, à la lettre, comme un simple souvenir. Toutefois, Bentham commet une erreur en affirmant que l'eucharistie est une invention moderne ; la *didaché*, retrouvée bien au-delà de la mort de Bentham en 1883 par Mgr Bryennios, qui l'a publiée à Constantinople, a démontré l'ancienneté de ce sacrement qui se met en place dès le premier siècle qui suit la mort du Christ. Mais l'axe le plus politique reste celui de la dénonciation d'une collusion entre une religion et l'État anglais, qui se rendent des services mutuels ; l'un exigeant, par exemple, en certaines occasions, de prêter serment au bénéfice de l'autre ; ce qui constitue, sous couleur d'élévation et de solennité, un redoutable abaissement de la souveraineté et de l'efficacité des lois. C'est à la façon de Hobbes que Bentham refait, parmi beaucoup d'autres thèmes déjà évoqués dans les œuvres précédentes, dans son *Analysis of the Influence of Natural Religion on the Temporal Happiness of Mankind* (1822), sous le pseudonyme de Philip Beauchamp, le procès qu'avaient déjà fait le *De Cive* et le *Léviathan* à l'encontre des serments qui, prêtés au nom de Dieu, se substituent implicitement à l'autorité des lois en rendant équivoques les raisons pour lesquelles on leur obéit.

Une nouvelle approche du christianisme dans Non pas Paul mais Jésus.

Le pas qui, à nos yeux, marque un radical changement de Bentham par rapport à ses contemporains dans l'approche des questions religieuses est franchi en 1823 dans *Not Paul, but Jesus*, qui restera, même s'il lui avait prévu une suite demeurée inachevée, son dernier ouvrage magistral sur le christianisme, qu'il signe du nom apocryphe de Gamaliel Smith. L'utilitarisme ne discute plus la possibilité de la résurrection ni celle des autres miracles d'ailleurs. Le seul problème qui intéresse délibérément Bentham désormais est celui de l'*utilité* des dogmes professés ou, *a minima*, celui de la compatibilité de ces dogmes avec l'utilité. Cette utilité est entendue dans le sens eudémonique et hédoniste – du plus grand bonheur pour le plus grand nombre. Dès les *Délits religieux* (§ 3), il est vrai, le principe était que : affaiblir la religion n'est pas forcément un mal si celle-ci ne contribue pas à ce bonheur. Mais la religion était considérée comme constituant un bloc. Avec *Not Paul but Jesus*, la religion est envisagée comme traversée par des courants dont les uns vont, ou auraient pu aller, dans le sens du principe d'utilité et les autres, contre. Paul, qui est le premier grand auteur à donner une doctrine vraiment universelle au christianisme lequel, sans cet acte décisif, se serait évanoui comme le souvenir d'un fait parmi d'autres souvenirs de faits, est accusé d'avoir faussé d'entrée de jeu le christianisme, en lui donnant une tournure qu'il n'avait pas chez le Christ : celle de l'ascétisme. Il n'est pire adversaire pour l'utilitarisme que l'ascétisme, car le bonheur dont il est question pour Bentham est fondamentalement un bonheur terrestre, trouvé et assuré sur cette terre en essayant le plus possible d'atténuer et de réduire les douleurs qui ne manquent pas d'exister y compris dans la recherche même de ce bonheur. Bentham le dit dans tous ses livres sur la religion [DR, § 1 ; IPML, 245]. Or rien dans les propos du Christ ne permet de justifier le procès du plaisir physique et intellectuel. Il a fallu que les fantasmes de Paul – lequel ne prêchait pas forcément d'exemple comme en témoignent son goût pour l'argent, sa façon de se l'accaparer, son ambition, sa volonté de dominer les autres et de les trahir – et leur communication à des générations de chrétiens se substituent à la parole même du Christ pour transformer l'Église chrétienne en une sorte d'ennemie réelle et potentielle de l'utilitarisme et du bonheur humain. La façon de poser le problème a changé par rapport aux premières œuvres, comme les *Délits religieux* ou l'*Introduction aux principes de la morale et de la législation,* dans lesquelles Bentham ne voyait pas, dans son principe d'utilité, de raison de considérer l'ascétisme comme un obstacle à l'utilitarisme, pourvu que celui qui s'y livre ne cherchât point à l'imposer à autrui – ce que Bentham a d'abord considéré comme rare et peu probable –. Je puis prendre mon plaisir à ce qui serait désagréable à un autre et réciproquement. Ce truisme peut rester en place. En revanche, la thèse qui ne paraît plus acceptable, c'est que l'ascétisme ne soit qu'un utilitarisme dévoyé auquel ne manque que d'avoir pris conscience de lui-même comme utilitarisme et qui se mêle à des préceptes lesquels, par leur déficit de conformité avec ceux de l'utilité, la freinent, nuisent à

l'individu ou sont pernicieux au reste de la communauté
[IPML, 151]. L'avantage d'un tel préjugé, c'est qu'il
croit pouvoir mettre sa position à l'abri en la tenant pour
si fondamentale qu'elle en est quasi neutre, et qu'il n'y
a pas de rebond des positions adverses sur les positions
utilitaristes. De façon plus intelligente, plus politique,
plus réaliste aussi, Bentham prendra graduellement ses
adversaires au sérieux, les traitera vraiment en opposants
et en attendant de leur part qu'ils puissent rétorquer
contre l'utilitarisme avec un discours qui ne soit pas
utilitariste sans le savoir et seulement partiellement, ou
pseudo utilitariste dont l'utilitariste aurait finalement
seul la clé. Il est, avec des adversaires, une conciliation
qui est faussement de bon aloi en ce qu'elle leur dénie le
statut d'opposants, comme s'il n'était pas possible d'être
adversaires de l'utilitarisme et comme s'il n'existait pas de
vraie place pour eux. Du statut de philosophie principale
qui s'imagine pouvoir satelliser toutes les autres, dans
les dernières années du XVIIIe siècle, l'utilitarisme s'est
reconnu, dans les premières décennies du XIXe siècle, une
philosophie parmi d'autres qui a des objecteurs et qui doit
leur répondre autrement qu'en leur disant qu'ils ne sont
pas encore parvenus au degré d'utilitarisme qui convient.
De même, dans ces années 1810-1820, l'ascétisme est
présenté comme une réelle possibilité du christianisme,
en rupture avec la perspective de l'utilité et concurrente
d'autres possibles – sans qu'on sache bien lesquels –. Le
problème qui est posé est donc de savoir s'il est fatal que
les chrétiens se détournent de l'utilitarisme ; s'ils risquent
de tous s'engouffrer dans l'ascétisme ; et la réponse est
toutefois bien évidemment négative, car l'entreprise
même de Bentham est précisément d'opposer la parole
de Paul à celle du Christ qui, certes, est mort dans les

conditions les plus affreuses, mais qui n'a pas voulu cette ignominie et n'a pas préconisé la souffrance pour la souffrance. La croix pourrait n'avoir été qu'un désastreux concours de circonstances.

Il se pourrait même que l'homosexualité du Christ, affirmée depuis les *Délits religieux*, non sans l'arrière-pensée d'embarrasser les Églises chrétiennes qui récusent encore unanimement l'homosexualité au début du XIXe siècle, trouve là son véritable sens : le religieux ne consiste pas à réfréner tous ses désirs, ni à les interdire tous et dans toutes conditions. Il serait bien contradictoire de la part de Bentham d'écrire un livre pour exempter l'homosexualité de tout crime – ce qu'il a fait dès 1785 – et de stigmatiser l'homosexualité du Christ, amoureux de Jean, son disciple « bien aimé ». Du moins ne s'agit-il pas que de cela.

Il n'y a pas là de quoi convaincre ceux qui n'envisagent pas d'autre bonheur d'aimer Dieu qu'en souffrant en ce monde. Mais Bentham leur eût volontiers concédé, lui pour s'en réjouir, eux pour le déplorer, que la plupart des chrétiens envisagent le bonheur d'aimer Dieu et d'être aimé de lui sur le mode utilitariste. Bentham cite d'ailleurs un certain nombre de théologiens, qui reconnaissent le principe d'utilité et qu'il compte parmi ses amis : Brown, Paley, Priestley, Law [T, 105]. Ce n'est là qu'un tout petit échantillonnage des théistes qui défendent des idées dans la même veine : que l'on songe aux innombrables orateurs des Conférences Boyle, au théologien Th. Bayes qui soutient que Dieu a voulu le bonheur de ses créatures. L'équivoque sur ce qu'il faut entendre par *plaisir* et *douleur* risque alors d'être portée à son comble. Mais il est d'autres aspects du religieux sur lesquels l'utilitarisme se trouve davantage en prise.

La question de l'éducation

Si vraiment le rejet du religieux était une condition *sine qua non* de l'acceptation de l'utilitarisme, il faudrait évidemment supprimer toute éducation religieuse; or, dans le droit fil de Locke, Bentham ne rejette pas toute instruction religieuse, même s'il la laisse se développer à la discrétion des familles et même s'il la veut simplifiée, décantée de tous les asservissements à l'anglicanisme. Mais quand bien même on projetterait d'euthanasier une Église anglicane estimée moribonde et préférerait l'accompagner dans un sommeil profond que l'entretenir à l'aide de soins intensifs, il faudrait encore une éducation et la question se poserait de savoir quel serait son contenu et qui le doit dispenser. Parmi les propositions faites pour assister l'Église anglicane – pas le christianisme – dans son déclin, il en est deux qui retiennent notre attention. La *première* est tout à fait conforme à la stratégie affective préconisée par les *Pannomnial Fragments* : il s'agit de mettre fin sans violence aux abus de ceux qui en ont profité. Une mesure peut être juste; il faut la prendre et rompre avec le passé, mais il faut aussi accompagner cette rupture car, si, en la prenant, elle provoque le désespoir de ceux qui avaient jusque-là profité de l'injustice, elle risque d'être inefficace en passant pour cruelle.

La *seconde* nous apparaît plus dangereuse : Bentham préconise, pour mettre fin à la religion anglicane, de la scléroser radicalement en l'empêchant de se réformer, de se créer, de rejaillir. Or est-il utile et est-il juste de priver une religion de la libre invention de son discours en recourant à une euthanasie plus active que passive?

Un point qui rapproche l'utilitarisme du christianisme

On ne saurait interpréter le christianisme comme une ontologie ou comme une métaphysique puisqu'il est d'abord une pratique. Il en va de même pour l'utilitarisme qui est plus une pratique et une théorie de la pratique qu'un quelconque savoir développé sur les choses.

Si nous voulions faire, des textes de Saint Paul, une lecture correcte, qui ne se contente pas de relever, sans générosité, leurs erreurs de logique, il faudrait les considérer comme relevant de la connaissance pratique. Sans doute ne s'agit-il pas de poser la résurrection comme un fait ontologique, mais plutôt, dans la mesure où son idée n'est pas absurde, de la considérer comme un risque qui fait que je ne vis pas en pensant que cette résurrection a un sens comme je vivrais en pensant qu'elle n'en a aucun. En outre, s'il s'agit de faire le choix d'une règle qui engage la collectivité, il faut considérer le poids respectif des motifs qui militent en faveur de l'adoption de telle règle plutôt qu'en faveur de chacune des autres. L'intelligence de l'action sur les choses n'équivaut pas, même si elle la requiert, à l'intelligence des choses elles-mêmes. Bentham n'attaque pas la résurrection, comme l'eût fait Hume : en soulignant contre son miracle que toutes les chances de réalité sont contre elle. Bentham met plutôt en question l'abus des preuves que l'on trouve chez saint Paul lorsque celui-ci veut montrer que nous ressusciterons tous.

Si la foi est un savoir, ce n'est pas un savoir des choses sur lesquelles portent les choix, mais un savoir de ces choix mêmes, de leur probabilité et de ce qu'on en attend. Locke y insiste finement dans son chapitre sur la probabilité : « La vérité morale consiste à parler des choses selon la persuasion de notre esprit, quoique la proposition que nous prononçons ne soit pas conforme à la réalité des choses » [*Essai sur l'Entendement Humain*, p. 478]. Bentham semble avoir repris à son compte ce texte de Locke [R, III, 271, note]; comme lui, en tout cas, il oppose cette vérité morale, qui a cours en religion, à la vérité métaphysique qui, elle, est une vérité de conformité aux choses dans leur réalité. Mais la foi n'a pas à se donner comme une pseudo-notion qui feindrait de résoudre un problème. Sur tous ces points essentiellement pragmatiques, il n'y a pas de désaccord de principe entre le christianisme et l'utilitarisme. Sauf si les choix que fait le premier sont délibérément anti-hédonistes ou anti-eudémonistes. Et c'est bien la raison profonde de la longue plaidoirie anti-paulinienne de 1823.

Chrestomathia dérive ses contenus de l'arbre des actes qui accomplissent le bonheur. Du coup, les craintes ou les fantasmagories religieuses – qui empêchent d'agir – ne trouvent pas de lieu dans la *Table* si la philosophie naturelle (la physique, la chimie, la biologie), d'une part, et la science des témoignages (de leur formation, de leur transmission), d'autre part, parviennent à les dissoudre, dans leur fonction que Bentham appelle « palliative » [C, 34]. Par le biais où elle veut notre malheur, la religion ne saurait faire partie de la Table, si ce n'est de l'autre côté de l'eudémonique; mais la *Table* n'est pas poursuivie du côté de l'anti-eudémonique. On peut, en revanche, d'une certaine façon, considérer *Not Paul, but Jesus* comme son achèvement puisque, passant de l'autre côté de l'horizon eudémonique, l'ouvrage inspecte avec minutie, sous la figure de l'« Antéchrist » Paul, des valeurs anti-eudémoniques ou des anti-valeurs selon lesquelles il est possible de vivre un style de vie que refuse Bentham. C'est bien de ce type d'attitude que les *Délits Religieux* se demandent si l'on ne pourrait pas le sanctionner comme un délit, puisqu'on peut, en vous effrayant, vous priver de vos plaisirs mêmes et que le mal qui est fait par ce moyen est beaucoup plus fréquent que le mal occasionné par les duels, lesquels sont punis (DR, 80).

Conclusions

L'utilitarisme n'est donc pas forcément synonyme d'athéisme et, s'il n'est pas directement religieux, rien n'empêche qu'il soit rendu compatible avec le religieux, pourvu que celui-ci n'ait pas la seule visée de mal faire vivre ses adeptes.

Des raisons politiques font que les utilitaristes ne demandent pas aux croyants de devenir utilitaristes ou de s'imaginer l'être, mais ils leur proposent une doctrine qui n'agresse pas leurs positions. Il ne s'agit pas non plus de tomber dans le travers de demander aux croyants qu'ils « évoluent ». Tout au contraire, et peut-être mieux encore que n'y parvient la position libérale classique d'un Locke, leurs positions de croyants peuvent être reconnues comme telles dans leur citoyenneté : c'est en tout cas, ce que permet la définition de la loi que nous connaissons et qui se trouve dans *Of the Limits of the penal branch of jurisprudence* et dans *Of Laws in General*.

Enfin, il est un paradoxe bien connu sur le terrain théologique : les arguments pauliniens exposés par Bentham sont souvent plus forts que ceux qu'il leur oppose. Bentham reproche à Paul d'exalter la doctrine d'un homme qu'il n'a pas connu directement et d'oser le faire devant des apôtres et des disciples qui, eux, l'ont fréquenté comme un ami. Paul a toujours estimé que la méconnaissance sensible était un avantage ; or c'est l'argument même que Bentham utilise contre Craig et contre la pensée ordinaire des témoignages qui accorde un préjugé sensualiste au vu. On saisit là une sorte de mauvaise foi d'un grand nombre des arguments d'avocat développés par Bentham contre Paul ; seuls les arguments contre l'ascétisme restent les plus résistants.

HERCULE TERRASSANT L'HYDRE
DE LERNE OU POLYPE LUI-MÊME ?

Bentham n'est pas seulement un auteur difficile à traduire, parce que ses phrases sont longues, enferment, chacune, beaucoup de propositions, et parce qu'il n'organise pas lui-même tous ses livres ; il est aussi difficile à lire pour les anglophones. L'auteur l'a payé cher : il est relativement peu cité, alors même que, par sa critique du sujet, du moi, de la personne, de la sympathie, du sens moral, il pourrait être très proche des utilitaristes modernes qui font pourtant peu de cas de lui. Singer se réfère plus volontiers à John Stuart Mill qu'à Bentham alors que la philosophie millienne du moi l'encombre plutôt qu'elle ne l'aide. On oublie facilement d'attribuer à Bentham des thèses qu'il a soutenues en accordant tout leur mérite à John Stuart Mill qui ne fait que les reprendre à son compte ; c'est ainsi que Bentham a insisté sur la conception ou la création par chacun de son propre bonheur et sur le refus que l'État puisse avoir comme tâche politique de fabriquer pour tous et pour chacun ce bonheur, sauf quand le type de bonheur dont il est question est universellement admis. Tout au plus ne peut-il que fournir les conditions de sa possibilité, mais il n'est pas question qu'il donne des contenus au bonheur que les particuliers peuvent se procurer par eux-mêmes. Plus subtilement, Bentham a très bien vu que, dans une situation conflictuelle où se joue un affrontement idéologique, c'est la solution utilitariste qui semble la plus adéquate. G. Moore l'a redit et prouvé dans son *Éthique*, mais dans cet ouvrage où – il est vrai – il ne tient compte que des thèses et non pas des auteurs, il n'attribue pas à Bentham l'origine de cette idée qui se trouve cependant au cœur de l'éthique contemporaine. Ainsi, Bentham est passé davantage aux mains des historiens des idées qu'entre celles des créateurs d'idées, si l'on ose les appeler ainsi.

Ce qui a peut-être légitimé ce glissement de Bentham vers le passé tient à trois considérations. La *première* est que l'auteur ne met pas en doute que les hommes cherchent leur bonheur et que le bonheur est la valeur fondamentale de leur existence ; à tel point que nous l'avons vu saisi d'un doute à l'encontre de l'utilité et pris du violent désir de changer les occurrences de « principe d'utilité » par celles de « principe de bonheur ». Les contemporains parlent moins facilement de *bonheur* que, de façon plus minimaliste, de *désir*, voire – plus simplement encore – de *préférence*. Le *deuxième* point, résultat du précédent, est que les calculs ne sauraient porter sur le bonheur, dont on accumulerait les plaisirs et défalquerait les déplaisirs ou les douleurs ; la leçon de Bergson a porté et l'on n'attend ordinairement plus des mathématiques que des classements et des mises en ordre de préférences, en aucun cas des sommations, même accompagnées de l'idée méthodique qu'il faut bien passer outre les scrupules ontologiques si on veut faire quelques pas en éthique et en politique [Halévy 1995, I, 308]. Nous avons vu une belle esquisse d'ouverture du côté d'une sorte d'algèbre des plaisirs et des douleurs dans les *Pannomial Fragments*, mais appliquée au plaisir, au déplaisir et au bonheur, elle est restée sans lendemain. *Enfin*, et c'est la *troisième* considération, les modernes ne croient plus au caractère fondamental et en quelque sorte indépassable du plaisir et de la douleur pour expliquer des comportements. Nous avons vu le statut, d'abord équilibré de ces notions, toutes les deux tenues pour deux entités réelles, s'éroder sous la plume même de Bentham, le plaisir glissant nettement du côté des constructions fictives destinées à contrecarrer la réalité de la douleur. Mais la psychanalyse freudienne a prodigieusement affaibli toute explication des comportements par ce couple du plaisir et de la douleur en faisant l'hypothèse d'un « au-delà du plaisir et de la douleur ». Les auteurs des sciences humaines ne se satisfont plus d'un bonheur indéfiniment recherché, et de l'affirmation dogmatique du socle réaliste des deux entités que seraient le plaisir et la douleur. Une rencontre avec Bentham aurait pu être possible pour la pensée freudienne sur la façon de mener des « calculs » ; Freud pouvait d'ailleurs les tirer de sa connaissance de l'utilitarisme laquelle cependant passait plutôt par John Stuart Mill, dont il avait traduit de nombreuses pages de la *Science de la logique*, que par Bentham.

Il est toutefois un point plus difficile à expliquer : c'est la relative négligence avec laquelle les sciences, les morales et l'éthique de notre temps, voire les historiens du benthamisme, traitent la théorie des fictions qui a évolué et montré sa ductilité tout le long du parcours benthamien. La généralisation par Bentham du « lire comme », que l'on trouve dans un usage encore local, à la fin de la *Théorie des sentiments moraux* d'Adam Smith – où il s'agissait de lire les traités de jurisprudence comme des traités des passions –, nous paraît extrêmement porteuse de savoirs nouveaux qui ont tout juste commencé d'être explorés ; on voit au moins l'esquisse de cette extension, non seulement dans les *Pannomial Fragments* où Bentham introduit une mathématisation particulière, ce que ne fait pas A. Smith, mais où les textes religieux peuvent être lus comme des textes économiques ou politiques ; et réciproquement. Il nous semble que cette méthode est beaucoup plus intéressante que les différentes versions de la dialectique qui laissent s'affronter des propositions comme deux blocs plutôt que de faire en sorte qu'une proposition lise l'autre.

Des équivoques pèsent encore de nos jours sur les travaux des utilitaristes ; ceux de Bentham ne faisant pas exception. On a voulu faire de ce philosophe, peut-être en raison de ses positions prises sur l'usure, dont il refuse l'interdiction par l'État, un thuriféraire du marché, sans foi ni loi. Certes, il ne critique pas l'existence du marché où se confrontent toutes les valeurs – morales, éthiques, scientifiques, religieuses, artistiques, comprises –. Mais, curieusement, l'un des points qui fait glisser sa doctrine vers le passé est aussi celui qui permet de réfuter une prétendue apologétique du marché : les valeurs d'utilité, et surtout du bonheur, sur lequel il finira par insister pour le meilleur et pour le pire, ne sont pas les valeurs essentielles du marché ; elles lui feraient même plutôt barrage. Sans vouloir faire de Bentham un socialiste, il est arrivé à Bentham d'être un compagnon de route du socialisme, celui d'Owen en particulier. Quant au matérialisme que certains de nos amis anglophones attribuent volontiers à Bentham, il n'est jamais considéré que comme une doctrine possible à laquelle il ne s'agit

pas pour Bentham d'adhérer : nous avons suggéré et
– parfois, espérons-le – établi que les mathématiques de
Bayes et la doctrine de Berkeley étaient les véritables
références de l'épistémologie benthamienne.

Par sa philosophie constamment ajustée à l'action,
qui lui fait risquer des hypothèses et peser, en chaque
occasion, le plus grand bonheur sans omettre de
calculer le malheur attenant, Bentham n'a pu échapper
à l'impression d'ambiguïté surtout auprès de ceux qui
n'ont pas suffisamment pris en compte sa philosophie des
fictions. Parfois, il est conforme à la figure qu'en a donnée
John Stuart Mill : celle d'Hercule terrassant l'hydre de
Lerne aux têtes sans cesse renaissantes [John Stuart Mill,
1963-91, 1969, X, 103]. Mais ces têtes du monstrueux
polype n'émettent pas toutes le souffle pestilentiel des
fallacies contre lesquelles il lui a fallu héroïquement
lutter ; elles sont aussi celles des fictions qu'il n'y a pas
lieu de couper mais qu'il faut recevoir positivement
comme a su le faire Bentham qui, loin d'être seulement
le pourfendeur de l'hydre, s'identifie volontiers lui-
même au monstre en rêvant de multiplier l'auteur qu'il
est par cette prière : « Ô, puissè-je me partager comme un
polype ! Puissè-je disposer d'une douzaine de moi ! J'ai
du travail pour tous ! » [Og, CXLIX]. Pourquoi douze ?
Nous terminerons sur cette demi-énigme.

BIBLIOGRAPHIE

OUVRAGES DE BENTHAM EN ANGLAIS ET EN FRANÇAIS

BENTHAM J., « Preface » to *The White Bull, an Oriental History. From an ancient Syriac manuscript communicated by Mr. Voltaire*, 2 vol., trad. angl. de J. Bentham, London, 1774, vol. 1, p. IX–CXLIV 1774.

– [pseudonyme : Philip Beauchamp] *An Analysis of the Influence of Natural Religion on the Temporal Happiness of Mankind*, London, G. Grote, R. Carlisle, 1822.

– [pseudonyme : Gamaliel Smith], *Not Paul, but Jesus*, F. Place (ed.), London, J. Hunt, 1823.

– *Rationale of Judicial Evidence, Specially Applied to English Practice*, J.S. Mill (ed.), 5 vol., London, Hunt & Clarke, 1827.

– *The Works of Jeremy Bentham, published under the Superintendence of his Executor, John Bowring*, 11 vol, Edinburgh, William Tait, 1843.

– *Jeremy Bentham's Economic Writings*, W. Stark (ed.), 3 vol., London, Allen & Unwin, 1952-1954.

– *Of Laws in General*, H.L.A. Hart (ed.), London, University of London-The Athlone Press, 1970.

– *Bentham's Handbook of Political Fallacies*, H.A. Larrabee (ed.), T.Y. Crowell & Co, 1971.

– « A Comment on the Commentaries », in *A Comment on the Commentaries and a Fragment on Government*, J.H. Burns & H.L.A. Hart (eds.), London, Athlone, 1977.

– « Offences Against one's self : Paederasty », L. Crompton (ed.), *Journal of Homosexuality* 3, p. 389-406 ; 4, p. 91-107, 1978.

– *Constitutional Code : I*, F. Rosen and J.H. Burns (ed.), Oxford, Clarendon Press, 1983.
– *Deontology Together with A Table of The Springs of Action and the Article on Utilitarianism*, A. Goldworth (ed.), Oxford, Clarendon Press, 1983.
– *Chrestomathia*, M.J. Smith, W.H. Burston (eds.), Oxford, Clarendon Press, 1983.
– *Securities against Misrule and other writings for Tripoli and Greece*, P. Schofield (ed.), Oxford, Clarendon Press, 1990.
– *Official Aptitude Maximized, Expense Minimized*, P. Schofield (ed.), Oxford, Clarendon Press, 1993.
– *Colonies, Commerce, and Constitutional Law : Rid Yourselves of Ultramaria and Other Writings on Spain and Spanish America*, Oxford, Clarendon Press, 1995.
– *An Introduction to the Principles of Morals and Legislation*, J.H. Burns, H.L.A. Hart (eds.), new Introduction by F. Rosen, Oxford, Clarendon Press, 1996.
– *De l'ontologie et autres textes sur les fictions*, P. Schofield, J-P. Cléro, C. Laval (éd.), Paris, Seuil, 1997.
– *"Legislator of the World" : Writings on Codification, Law and Education*, P. Schofield, J. Harris (eds.), Oxford, Clarendon Press, 1998.
– *Political Tactics*, M. James, C. Blamires, C. Pease-Watkin (ed.), Oxford, Clarendon Press, 1999.
– *Writings on the Poor Laws : I*, M. Quinn (ed.), Oxford, Clarendon Press, 2001.
– *Rights, Representation and Reform : Nonsense upon Stilts and other writings on the French Revolution*, P. Schofield, C. Pease-Watkin, C. Blamires (eds.), Oxford, Clarendon Press, 2002.
– *Writings on the Poor Laws : II*, M. Quinn (ed.), Oxford, Clarendon Press, 2010.
– *Of the Limits of the penal branch of jurisprudence*, P. Schofield (ed.), Oxford, Clarendon Press, 2010.

– Délits religieux, *Revue d'études benthamiennes* [En ligne], 6 | 2010, texte établi par E. De Champs, mis en ligne le 01 février 2010. URL : http://etudes-benthamiennes.revues. org/72.

– *Church-of-Englandism and its Catechism Examined*, J.E. Crimmins, C. Fuller (eds.), Oxford, Clarendon Press, 2011.

– *On the Liberty of the Press, and Public Discussion, and other Legal and Political writings for Spain and Portugal*, C. Pease-Watkin, P. Schofield (eds.), Oxford, Clarendon Press, 2012.

– *Of Sexual Irregularities, and other writings on Sexual Morality*, P. Schofield, C. Pease-Watkin, M. Quinn (eds.), Oxford, Clarendon Press, 2014.

– *The Book of Fallacies*, P. Schofield (ed.), Oxford, Clarendon Press, 2015.

– *Writings on Political Economy*, vol. I, *including Defence of Usury, Manual of Political Economy and Protest Against Law Taxes*, M. Quinn (ed.), Oxford, Clarendon Press, 2016.

– *Écrits sur le droit international et la guerre*, Annexe de la Thèse soutenue à Rouen par B. Bourcier le 7 décembre 2016, textes écrits en français et en anglais par Bentham.

TRADUCTIONS RÉCENTES D'ŒUVRES DE BENTHAM EN FRANÇAIS

BENTHAM J., *Fragment sur le Gouvernement; Manuel des Sophismes politiques*, trad. fr. J.-P. Cléro, Paris, LGDJ, 1996.

– *De l'Ontologie et autres textes sur les fictions*, trad. fr. J.-P. Cléro et C. Laval, édition bilingue par P. Schofield, J.-P. Cléro et C. Laval, Paris, Seuil, 1997.

– *Défense de la liberté sexuelle. Écrits sur l'homosexualité*, trad. fr. C. Laval, Paris, Éditions Mille et une nuits, 2004.

– *Chrestomathia*, trad. fr. J.-P. Cléro, Paris, L'Unebévue, 2004.

– *Déontologie ou la science de la morale*, F. Dagognet (ed.), Paris, Encre marine, 2006.
– « Les sophismes anarchiques » in : *Bentham contre les droits de l'homme*, trad. fr. B. Binoche, J.–P. Cléro, Paris, P.U.F., 2007.
– *La table des ressorts de l'action*, trad. fr. J.-P. Cléro, Éditions de L'Unebévue, Paris, 2008.
– *Introduction aux principes de la morale et de la législation*, trad. fr. Centre Bentham, Paris, Vrin, 2011.
– *Non pas Paul, mais Jésus*, trad. fr. J.-P. Cléro, Paris, Cahiers de l'Unebévue, 2016.

Ouvrages classiques cités dans le présent livre

Beccaria C., *Traité des délits et des peines*, trad. fr. Chevallier, Paris, GF-Flammarion, 1965.
Ferguson A., *An Essay on the History of Civil Society*, F. Oz-Salzberger (ed.), Cambridge, Cambridge University Press, 2007.
Helvetius C-A., *De l'esprit*, Paris, Marabout, 1973 ; Paris, Fayard, 1988.
Hobbes Th., *Of Man*, chapitre X, in *The English Works*, W. Molesworth (ed.), London, J. Bohn, 1839-1845, 11 vol. ; vol. 3, *Leviathan*.
Hume D., *Essays, Moral, Political and Literary*, E.F. Miller (ed.), Indianapolis, Liberty Fund, 1987.
– *A Dissertation on the Passions*, in *Essays moral, political, and literary*, T. H. Green, T. H. Grose (eds.), vol. 2 ; Darmstadt, Scientia Verlag Aalen, 1992.
– *An Enquiry concerning the Principles of Morals*, T.L. Beauchamp (ed.), Oxford, Clarendon Press, 1998.
– *Enquête sur l'entendement humain*, trad. fr. M. Malherbe, Paris, Vrin, 2021.
– *A Treatise of human nature*, Oxford, Selby-Bigge, 1978.
– *A Treatise on Human Nature*, D.F. Norton, M.J. Norton (eds.), Oxford, Clarendon Press, 2007.

– *Traité de la nature humaine*, I. *L'entendement*, trad. fr. M. Malherbe, Paris, Vrin, 2021.

– *Dialogues Concerning Natural Religion*, R.H. Popkin (ed.), Indianapolis-Cambridge, Hackett Publishing Company, 1998.

– *Dialogues sur la religion naturelle*, trad. fr. M. Malherbe, Paris, Vrin, 1987.

KANT E., *Critique de la faculté de juger*, trad. fr. A. Philonenko, Paris, Vrin, 1965.

LOCKE J., *An Essay Concerning Human Understanding*, P.H. Niditch (ed.), Oxford, Clarendon Press, 1975.

– *Essai philosophique concernant l'entendement humain*, trad. fr. P. Coste, Amsterdam-Leipzig, Schreuder et P. Mortier, 1755.

– *Essai sur l'entendement humain*, trad. fr. J.-M. Vienne, Paris, Vrin, L. I et II, 2002 ; L. III et IV, 2006.

MALTHUS T.R., *An Essay on the Principle of Population, as it affects the future improvement of society*, London, J. Johnson, 1978.

MAUPERTUIS, P.L. MOREAU de, *Essai de Philosophie Morale*, dans Maupertuis, P-L. Moreau de, *Œuvres*, 4 vol., Hildesheim-New York, G. Olms, 1974, vol. 1, p. 171-252.

– *Réflexions Philosophiques Sur l'Origine des Langues et la Signification des Mots*, Paris, 1740.

MONTESQUIEU, *L'Esprit des Lois*, dans *Œuvres complètes*, t. 2, R. Caillois (éd.), Paris, Gallimard, 1951.

ROUSSEAU J.-J., *Du contrat social*, dans *Œuvres complètes*, t. 3, Paris, Gallimard, 1964.

SMITH A., *The Theory of Moral Sentiments*, D.D. Raphael, A.L. Macfie (eds.), Oxford, Clarendon Press, 1967.

– *An Inquiry into the Nature and Causes of the Wealth of Nations*, 2 vol., A.S. Skinner, W.B. Todd (eds.), Oxford, R.H. Campbell-Clarendon Press, 1976.

TOOKE J.H., *Epea pteroenta ; or the Diversions of Purley*, Part II., London, J. Johnson, 1805.

ÉTUDES ET ARTICLES

BERGSON H., *Essai sur les données immédiates de la conscience*, dans *Œuvres*, P.U.F., Paris, 1959.

BLAMIRES C., « The French Revolution and the creation of Benthamism », Basingstoke, Palgrave Macmillan, 2008. http://journals.openedition.org/etudes-benthamiennes/96 ; DOI : https://doi.org/10.4000/etudes-benthamiennes.96

BOURCIER B., « Le plus grand bonheur pour le plus grand nombre de Jeremy Bentham : un utilitarianisme cosmopolitique », *Philosophical Enquiries, revue des philosophies anglophones* 9, 2017.

BOZZO-REY M., « Loi, fiction et logique dans la pensée juridique de Jeremy Bentham », *Annales de Droit*, p. 27-50, 2009.

– « Le droit comme système de contrôle social : La question des normes chez Bentham et Foucault », *Revue d'études benthamiennes* 8, 2011.

– « Enjeux et défis de stratégies d'influence obliques des déportements : le cas de législation indirecte et les *nudges* », *The Tocqueville Review/La revue Tocqueville* 37, 2016, p. 123-157.

— BRUNON-ERNST A., Van Waeyenberge A. (eds.), « Nudges : Better Choices ? », *The Tocqueville Review* 37, 1, 2016.

— BRUNON-ERNST A., Quinn M. (eds.), « Indirect Legislation : Jeremy Bentham's Regulatory Revolution », *History of European Ideas* 43, 1, 2017.

BRUNON-ERNST A., *Le Panoptique des Pauvres. Jeremy Bentham et la réforme de l'assistance en Angleterre*, Paris, Presses de la Sorbonne Nouvelle, 2007.

– *Utilitarian Biopolitics : Bentham, Foucault and Modern Power*, London, Pickering & Chatto, 2012.

– « Back to the source of nudges », *The Tocqueville Review/La revue Tocqueville* 37, 2016, p. 99-122.

– « Nudges and the limits of appropriate interference : reading backwards from J.S. Mill's harm principle to Jeremy

Bentham's indirect legislation », *History of European Ideas* 43, 2017, p. 53-69.

CAIN P.J., « Bentham and the Development of the British Critique of Colonialism », *Utilitas* 23 (1), 2011, p. 1-24.

CLÉRO J.-P., « Nomenclature et classification dans *Chrestomathia* de Jeremy Bentham. Critique de l'Encyclopédie et image de la raison », *Kaïros* 14, Université de Toulouse, 1999.

– « Un philosophe et sa langue : Bentham », *Rue Descartes* 26, *Ce que les philosophes disent de leur langue*, Paris, P.U.F., 1999.

– « Le sens moral chez Hume, Smith et Bentham », dans L. Jaffro, *Le sens moral. Une histoire de la philosophie morale de Locke à Kant*. Paris, P.U.F., 2000.

– « La valeur d'une théorie des fictions », dans *Laval Théologique et philosophique*, Vol. 56, n°3, Québec, Université Laval, 2000.

– « Le traitement des sophismes politiques de Bentham à Stuart Mill », *Cercles* 4, *Penseurs et intellectuels*, 2002, p. 89-120.

– « Bentham et les probabilités. Esquisse d'une lecture du *Rationale of judicial evidence* », *Les Cahiers du C.A.M.S.* 234, 2004.

– « Le calcul benthamien des plaisirs et des peines. Passion calculates », dans R. Lefebvre, L. Villard, *Le plaisir. Réflexions antiques, approches modernes*, Rouen, PURH, 2006.

– « La critique du « trust » chez Bentham », dans R. Damien, C. Lazzeri, *Conflit, confiance*, Besançon, Presses Universitaires de Franche-Comté, 2006.

– « L'éducation dans *Chrestomathia* de Jeremy Bentham. École chrestomathique et pédagogie », *Héritages bibliques*, XVII-XVIII, *Revue de la Société d'études anglo-américaines des XVIIe et XVIIIe siècles* 64, Paris, Presses de la Sorbonne Nouvelle, 2007, p. 247-283.

– « L'esclavage et les philosophes. Deux philosophes abolitionnistes : Condorcet et Bentham », *Aspects du débat sur l'abolition de l'esclavage en Grande-Bretagne, 1787-1840*, *Revue Française de Civilisation Britannique*, Paris, Presses de la Sorbonne Nouvelle, 2008, p. 37-60.

– « A Turning Point in the Conception of the Criminal Law : Beccaria and Bentham », *in* A. Brunon-Ernst, *Beyond Foucault. New perspectives on Bentham's Panopticon*, Aldershot, Ashgate Publ. Ltd, 2011.

– « Bentham et la retraduction », dans R. Kahn, C. Seth, *La retraduction*, Rouen, PURH, 2010.

– « Bentham et Montesquieu », *Revue française d'histoire des idées politiques*, dans C. Volpilhac-Auger, Débats et polémiques autour de *L'Esprit des Lois* 35, 2012, p. 171-182.

– « On the Ambiguous Status of Pleasure in Bentham's Theory of Fictions », *Utilitas* 26, 2014, p. 346-366. http://www.stern.nyu.edu/cons/groups/content/document, DOI : 10, 1017/S0953820814000156.

– « Le calcul benthamien des plaisirs et des peines. Calcul introuvable ou seulement indéfiniment différé ? », dans *Utilitarisme et liberté. La pensée politique de Jeremy Bentham*, *Archives de philosophie* 78, Cahier 2, 2015.

– « Réflexions sur la notion de *nature* à l'âge classique », *Revue de la Société d'Études Anglo-Américaines des XVIIe et XVIIIe siècles*, 73, 2016, p. 201-225.

– « Bentham et Hobbes : la question du primat du politique », *Revue d'Études benthamiennes* 14, 2018.

– « Les aspects nouveaux de la critique religieuse dans *Not Paul, but Jesus* de Bentham », dans *Codification, religion et raisonnement pratique. Sur les ambitions et les limites du paradigme benthamien*, Paris, Institut Francophone pour la Justice et la Démocratie, 2019, p. 43-97.

– « La déontologie et le déontologue. La nomographie et le nomographe », dans G. Tusseau, *La déontologie publique :*

trajectoire et présence d'une notion ambiguë, Paris, Institut Francophone pour la Justice et la Démocratie, 2019, p. 37-64.

– « Quelques éléments de la théorie de la preuve dans le *Rationale of judicial evidence* », dans *Droit & Philosophie*, 2020, vol. 11, p. 97-132.

– « *"Art" et "Science" dans Chrestomathia* », *Utility and Science*, *Revue d'études benthamiennes* 18, 2020.
https://journal.openedition.org/etudes-benthamiennes/7721

– *La figure de Saint Paul dans les œuvres de Bentham*, Paris, Institut Francophone pour la Justice et la Démocratie IFJD, Louis Joinet, 2021.

– « L'utilitarisme : une généralisation de l'esthétique ou un oubli des beaux-arts ? », dans M. Quinn, *Revue des Études benthamiennes*, numéro spécial sur Bentham et les beaux-arts, Paris, 2022.

CRIMMINS J.E., « Introduction : Utility, Truth, and Atheism », *Revue d'études Benthamiennes* 6, 2010.

– *Utilitarian Philosophy and Politics : Bentham's Later Years*, Londres, Bloomsbury, 2011.

CUTLER F., « Jeremy Bentham and the Public Opinion Tribunal », *Public Opinion Quarterly* 63, 1999, p. 321-346.

DE CHAMPS E., *Enlightenment and Utility : Bentham in French, Bentham in France*, Cambridge, Cambridge University Press, 2015.

ENGELMANN S.G., « "Indirect Legislation" : Bentham's Liberal Government », *Polity* 35, 2003, p. 369-388.

– *Imagining Interest in Political Thought : Origins of Economic Rationality*, Durham-London, Duke University Press, 2003.

– « Limits and Indirect Legislation », *in* G. Tusseau, *The Legal Philosophy and Influence of Jeremy Bentham : Essays on "Of the Limits of the Penal Branch of Jurisprudence"*, London, Routledge, 2014, p. 308-315.

– « Nudging Bentham : indirect legislation and (neo-)liberal politics », *History of European Ideas* 43, 2017, p. 70-82.

FINNIS J., *Natural Law and Natural Rights*, Oxford, Clarendon Press, 1980.

FOUCAULT M., *Surveiller et punir. La naissance de la prison*, Paris, Tel-Gallimard, 1993.

– *Dits et Écrits, 1954-1988*, D. Defert, F. Ewald, J. Legrange (eds.)., 4 vol. Paris, Gallimard, 1994.

GAUTHIER D., *Morals by Agreement*, Oxford, Oxford University Press, 1986.

GERE C., *Pain, pleasure and the greater good : From the Panopticon to the Skinner box and beyond*, Chicago, University of Chicago Press, 2017.

GODWIN W., *An Enquiry Concerning Political Justice*, M. Philp (ed.), Oxford, Oxford University Press, 2013.

GOODIN R.E., *Utilitarianism as a Public Philosophy*, Cambridge, Cambridge University Press, 1995.

GUIDI M.E.L. 1990, « "Shall the blind lead those who can see ?" Bentham's theory of political economy », *Perspectives on the History of Economic Thought, Vol. III : Classicals, Marxians and Neo-Classicals*, D.E. Moggridge (ed..), Cheltenham, Edward Elgar, 1990, p. 10-28.

– « Jeremy Bentham's quantitative analysis of happiness and its asymmetries », *in* L. Bruni, P.L. Porta, *Handbook of the Economics of Happiness*, Cheltenham, Edward Elgar, 2007, p. 68-93.

HALÉVY É., *La naissance du radicalisme philosophique*, 3 vol., Paris, P.U.F., 1995.

HARE R.M., *Penser en morale. Entre intuition et critique*, Paris, Hermann, 2020.

HART H.L.A., *Essays on Bentham : Studies in Jurisprudence and Political Theory*, Oxford, Clarendon Press, 1982.

HAZLITT W., *The Spirit of the Age, or Contemporary Portraits*, 4e éd., W.C. Hazlitt, London-New York, George Bell & sons, 1894.

HIMMELFARB G., « The National Charity Company : Bentham's Utopia », *Journal of British Studies* X, 1970, p. 80-125.

HOOKER B., *Ideal Code, Real World : A Rule Consequentialist Theory of Morality*, Oxford, Oxford University Press, 2002.

HUME L.J., « Bentham's panopticon : An administrative history », I. *Historical Studies* 15, 1973, p. 703-721.

– « Bentham's panopticon : An administrative history », II. *Historical Studies* 16, 1974, p. 36-54.

– *Bentham and Bureaucracy*, Cambridge, Cambridge University Press, 1981.

LAVAL C., *Jeremy Bentham, les artifices du capitalisme*, Paris, P.U.F., 2003.

– « From *Discipline and Punish* to *The Birth of Biopolitics* », in A. Brunon-Ernst, *Beyond Foucault : New Perspectives on Bentham's Panopticon*, London, Ashgate, 2012, p. 43-60.

– « "The invisible chain" : Jeremy Bentham and neo-liberalism », *History of European Ideas* 43, 2017, p. 34-52.

LEROY M.-L., « Transparency and Politics : the Reversed Panopticon as a Response to Abuse of Power », in A. Brunon-Ernst, *Beyond Panopticism : New Perspectives on Bentham's Panopticon*, Farnham, Ashgate, 2012, p. 143-160.

LIEBERMAN D., « Economy and Polity in Bentham's Science of Legislation », in S. Collini, R. Whatmore, B. Young, *Economy, Polity and Society : British Intellectual History 1750–1950*, 2000, p. 107-134.

– « Bentham's Democracy », *Oxford Journal of Legal Studies* 28, 2008, p. 605–626.

MARCHETTI R., « Cosmopolitan Cosmopolitanism and Global Political Agency », in D. O'Byrne, J. Eade, *Global Ethics and Civil Society*, Londres, Routledge, 2005, p. 57–73.

MARCINIAK A., « Prevention of evil, production of good : Jeremy Bentham's indirect legislation and its contribution to a new theory of prevention », *History of European Ideas* 43, 2017, p. 83-105.

– « Towards a political theory of public policy – Jeremy Bentham's Political Theory » (Bentham Seminar 6 mars 2019).

MILL J.S., *The Collected Works of John Stuart Mill*, General Editor J.M. Robson, 33 vol., Toronto-London, University of Toronto Press, 1963-1991.

– *L'utilitarisme, essai sur Bentham*, Paris, P.U.F, 1998.

MOORE G.E., *Éthique*, Paris, Hermann, 2019.

NIESEN P., « Une petite mappemonde du chaos : la délibération parlementaire chez Bentham et Dumont », dans E. de Champs, J.-P. Cléro, *Bentham et la France : fortune et infortunes de l'utilitarisme*, Oxford, SVEC, 2009, p. 129-141.

OGDEN C.K., *Bentham's Theory of Fictions*, London, Kegan Paul, 1932.

PAREKH B., « Bentham's Theory of Equality », *Political Studies*, XVIII, 1970, p. 478-495.

PARFIT D., *Reasons and Persons*, Oxford, Oxford University Press, 1984.

POSTEMA G.J., *Bentham and the Common-Law Tradition*, Oxford, Clarendon Press, 1986.

– *Utility, Publicity, and Law : Essays on Bentham's Moral and Legal Philosophy*, Oxford, Oxford University Press, 2019.

PRIESTLEY J., *Hartley's Theory of the Human Mind, on the principle of the Association of Ideas*, Londres, J. Johnson, 1775.

QUINN M., « Jeremy Bentham on the Relief of Indigence : An Exercise in Applied Philosophy », *Utilitas* 6, 1994, 81-96.

– « Post-modern moments in the application of empirical principles : power, knowledge, and discourse in the thought of Jeremy Bentham *vs.* Michel Foucault », *Revue d'études benthamiennes* 8, 2011.

– « Bentham on Mensuration : Calculation and Moral Reasoning », *Utilitas* 26, 2014, p. 61-104.

– « Popular Prejudices, Real Pains : what is the Legislator to do when the people err in assigning mischief? », *in* Zhai & Quinn, *Bentham's Theory of Law and Public Opinion*, 2014, p. 63-89.

– « Jeremy Bentham, "The Psychology of Economic Man" and Behavioural Economics », *Œconomia* 6, 2016, p. 1-32.

– « Jeremy Bentham, Choice Architect : and law, indirect legislation and the context of choice », *History of European Ideas* 43, 2017, p. 11-33.

RAWLS J., *A Theory of Justice*, Oxford, Clarendon Press, 1972.

– *Théorie de la Justice*, trad. fr. C. Audard, Paris, Seuil, 1987.

ROSEN F., *Jeremy Bentham and Representative Democracy : A Study of the Constitutional Code*, Oxford, Clarendon Press, 1983.

– *Thinking About Liberty*, Leçon inaugurale donnée à Londres, University College London, le 29 novembre 1990.

– *Classical Utilitarianism from Hume to Mill*, London, Routledge, 2003.

– « Problems in the History of Fictionalism », *in* M.E. Kalderon, *Fictionalism in Metaphysics*, Oxford, Clarendon Press, 2005.

SCHOFIELD P., *Utility and Democracy : The Political Thought of Jeremy Bentham*, Oxford, Oxford University Press, 2006.

– *Bentham : A Guide for the Perplexed*, London, Continuum, 2009.

– « Jeremy Bentham and H.L.A. Hart's "Utilitarian Tradition in Jurisprudence" », *Jurisprudence*, 1, 2010, p. 147-167.

– « A Defence of Jeremy Bentham's Critique of Natural Rights », *in* X. Zhai, M. Quinn, *Bentham's Theory of Law and Public Opinion*, Cambridge, Cambridge University Press, 2014, p. 208-230.

– « Bentham on Utility and Truth », *History of European Ideas* 41, 2015, p. 1125-1142.

SCHULZ B., *The Happiness Philosophers : The Lives and Works of the Great Utilitarians*, Princeton, Princeton University Press, 2017.

SIGOT N., *Bentham et l'économie : une histoire d'utilité*, Paris, Economica, 2001.

SKINNER B.F., *Beyond Freedom and Dignity*, New York, Knopf, 1971.

STARK W., « Bentham as an Economist II : Bentham's Influence », *Economic Journal* LVI, 1946, p. 583–608.

TARANTINO P., *Philosophy, Obligation and Law : Bentham's Ontology of Normativity*, London, Routledge, 2018.

TUSSEAU G., *Jeremy Bentham et le droit constitutionnel. Une approche de l'utilitarisme juridique*, Paris, L'Harmattan, 2001.

– *La guerre des mots*, Paris, Dalloz, 2011.

– « An Old English Tale : Bentham's Theory of the Force of a Law », *in* G. Tusseau, *The Legal Philosophy and Influence of Jeremy Bentham : Essays on Of the Limits of the Penal Branch of Jurisprudence*, London, Routledge, 2014, p. 80-129.

VAIHINGER H., *La philosophie du comme si. Système des fictions théoriques, pratiques et religieuses sur la base d'un positivisme idéaliste*, Paris, Kimé, 2008.

VOLTAIRE, *Dictionnaire philosophique I*, éd. C. Mervaud *et al.*, Oxford, Voltaire Foundation, 1994.

SMART J.J.C, WILLIAMS B., *Utilitarianism, For and Against*, Cambridge, Cambridge University Press, 1973.

INDEX NOMINUM

INDEX DES NOTIONS

TABLE DES MATIÈRES

Achevé d'imprimer en février 2022
La Manufacture - *Imprimeur* – 52200 Langres – Tél. : (33) 325 845 892
Imprimé en France – N° 221116 – Dépôt légal : février 2022